文化，思想，歷史

五四@100

MAY FOURTH @ 100

王德威

David Der-wei Wang

宋明煒

Mingwei Song

編

編者序言

王德威、宋明煒

在中國近現代歷史上，「五四」的意義堪稱空前絕後。這不僅因為「五四」所引爆的政治、外交角力為中國與世界的關係帶來深遠影響，也因為「五四」觸發了範圍廣泛的新文化運動。民主與科學，啟蒙與革命，人權與國權，語言與文學……，種種話題充滿問題性與爭議性，至今仍是思想文化界論證的焦點。更重要的，「五四」所召喚的「情感結構」如此深入人心，以致成為我們想像或辯證中國現代性的標竿。

「五四」背後，思想革命、文化嬗變、政治行動接踵而來，其間湧現出改變中國人書寫、言說、經驗與理想的種種企劃：啟蒙和反啟蒙、問題與主義、政治與文學、國故與新潮……論爭不絕。如何定義現代、怎樣對待傳統，諸種言說、衝突此起彼落，難有定論，繼起的對話或辯難則籠罩了整個二十世紀，以迄至今。

「五四」的輝煌又伴隨著失落——幾乎少有「五四」知識分子，以為「五四」是一場勝利。恰恰相反，「五四」的任務，無論基於哪一個出發點，都仍需要不斷地被後來者接力，每一次回到「五四」的努力，卻似乎最終總是帶來更悲涼的落寞。「五四的憂鬱」成為我們必須正視的課題。

「五四」發生一百年後，除了學術界的思考之外，一般社會中的「五四」記憶已經隨時間而湮沒。與此同時，權力當局的刻意介入或刻意忽視，恰恰顯示「五四」的被政治化或去政治化的痕跡——「五四」原所富含的政治潛能反而被埋沒了。當年天安門廣場上的第一次學生運動在海峽對岸已經被物化為愛國樣板，在海峽此岸則被異化為域外故事。又或者，規範的歷史敘事面對這一場歧異重重的事件，只能給出一個最簡單的意義歸納，如官樣文章那樣，在敘事上不需爭論，在思想上也「著無庸議」。

但我們認為「五四」的意義不應僅止於此。「五四」離開我們不遠，卻已有考掘學的必要。我們編輯這一本小書，無意給予「五四」全景的描述、抑或整體的重構。我們邀請了來自不同領域的學者各抒己見，毋寧說是重新打開「五四」的問題性與論爭性。我們認為，發生在百年前的運動和我們的時代仍然有千絲萬縷的關係，我們希望通過具體的形象、同情的理解重新讓這段歷史活過來。

本書旨在回顧文化史、文學史、和思想史上的「五四」。這三者息息相關，構成「五四」論述和想像的基礎，以此觸動種種社會實踐，乃至革命。在「五四」一百週年之際，本書邀請五十一位學者，從各種角度來回顧「五四」及其影響，包括「五四」時期提出的問題、新文學運動中出現的文體、「五四」時期具有影響的人物等。每一位撰稿人都根據一個話題撰寫兩千至三千字短文，風格不拘，旨在以小觀大，對「五四」以來的文學、歷史、思想有所回顧和反省。

本書所呈現眾聲喧嘩的形式其實有意呼應「五四」精神：各抒己見，自由表達。編輯體例雖不能夠無所不包，但盡量保持寬容的態度。對讀者而言，我們期待的是，假如這些文章能夠引起一些思考，觸類旁通，並進一步理解「五四」在今天的意義，或許我們的努力就沒有白費。

「五四」已經一百年了。回顧過去這一百年中國與華語世界動蕩不安，我們見證種種最好與最壞的可能。回顧「五四」，我們理解我們所處的位置未必不同於「五四」：吶喊與徬徨，激情與幻滅，神話「五四」與否想「五四」，相互糾纏，導入下一輪的思考與行動。而這種辯證過程直指「歷史的不安」，也正是一百年前激發一個世代知識分子與革命者的動能。

當我們重新回到「五四」的現場，我們或許發現，歷史上從沒有一個事不關己的位置，讓我們能夠從容觀賞「五四」傳奇。「五四」未完，它的成敗到今天仍在刺痛生活在麻木、順從、不安、失落了理想的種種情境中的我們。「五四」未完，因為那不是過去的歷史，更是未來的歷史。

目次

文化，思想，歷史

五四@100

MAY FOURTH @ 100

士的精神．先鋒文化．百年「五四」

陳思和

據胡適說，「五四運動」的提法，最早出現於一九一九年五月二十六日的《每週評論》第二十三期上刊登的〈五四運動的精神〉一文[1]。但在學生運動的發生過程中，學生團體的各種言論中更早就提到這個概念[2]。然而，在往後的學術討論中，「五四」概念漸漸變得寬泛，它可以與很多名詞搭配在一起，構成一種「五四」加「某某」的語言模式。如「五四新文化運動」、「五四新文學」、「五四新思潮」、「五四傳統」……而「五四運動」，僅僅作為其中一項

1〈五四運動的精神〉，署名「毅」，為羅家倫的筆名。載《每週評論》二三期（一九一九年五月二十六日）。胡適的文章見〈回憶五四〉，載《獨立評論》一四九期（一九三五年五月五日）。

2 周策縱認為，「五四運動」這個名詞，是由北京中等以上學校學生聯合會於一九一九年五月十八日發布的〈罷課宣言〉電文中首先使用（周策縱〔Ts'ê-tsung Chou〕著，周子平等譯，《五四運動：現代中國的思想革命》〔*The May Fourth Movement: Intellectual Revolution in Modern China*〔南京：江蘇人民出版社，一九九六〕，頁一七、一九〇）。

內容，還必須在中間加上定語「學生」或者「愛國」，才能夠特指發生於一九一九年五月四日的社會事件。在一般的情況下，「五四」成為一個含義混亂、相互矛盾的概念。尤其在上世紀八〇年代學術界提出了「啟蒙與救亡雙重變奏」的觀點[3]以後，推導出這樣一種看法：起始於一九一五年到一九一七年前後的思想革命，旨在批判和揚棄中國傳統思想文化和語言形式，引進西方思想和文學，同時為了更好地向國人宣傳以及幫助國人了解世界新潮，更準確地表達現代人的思想感情，又必須在語言上做進一步的改革：推廣白話。這是一個完整的邏輯發展過程；然而一九一九年發生的學生愛國運動，則是在國際列強（尤其是日本對華的侵略政策）刺激下激發起來的民族主義的學生運動，它在中國的實際影響引發了大眾革命元素介入現代政治，由此催生國民黨的改組和共產黨的崛起，改變了中國社會的命運——「救亡」壓倒「啟蒙」的「變奏」，在這裡找到了一個典型的例子。但是，我們似乎也可以反過來理解：思想啟蒙和語言改革的目的，不就是要喚起民眾來改變中國的落後現狀嗎？啟蒙不可能對民眾教育畢其功於一役，但很可能在社會菁英中間率先達到這個目的，因此，當時在北京的大學生就順理成章地成為啟蒙運動的第一批覺醒者。從思想啟蒙到文學革命再到社會革命，也同樣是順其邏輯的一個完整的發展。

一九一五至一九一九年間發生的圍繞「五四」多重概念的一系列事件，對以後的中國命運產生了巨大影響，把它理解為中國自晚清開始的現代化進程由量變到質變的飛躍期也不為過。

一般來說，學界對於「五四」系列事件的發生原因的探討，都集中在西方思潮對中國知識分子的影響，或者是世界列強對華的不平等外交政策的刺激，儘管這兩個方面有很大相異性，但從外部對中國施加影響這一點來說，還是如出一轍。然而，本文打算從另一個角度來思考「五四」發生的成因，即從中國歷史傳統內部的某些基因來探討，為什麼在中國的現代化進程的關鍵時刻，會發生影響如此深刻的「五四」系列事件。

首先應該明確：「五四」系列事件是文化事件：「五四」新潮的發起者，是幾個具有革命民主主義思想的知識分子和大學教授，回應者是一幫手無寸鐵、唯有熱血的學生，鼓吹新思想的場所就是大學校園和課堂，傳播新思想的媒介就是《新青年》等幾種雜誌。伴隨著愛國學生的外交政治訴求的，還有新思想的傳播、新文學的創造、新語言的普及……這是中國現代史上很少發生的由文化運動帶出政治運動，進而導致中國革命走向的轉變——由中國文化來決定中國的未來命運。周策縱教授和余英時教授都把「五四」學生運動與中國古代太學生干涉內政的傳統聯繫起來討論，有一定的道理，但是還不夠，因為「五四」不僅僅是學生參與的運動。從更廣泛的範圍看，成熟的中國古代政治體制本身就具備了君主與士大夫共同執政的模式。在這個「明君賢臣」的理想模式下，士大夫集團儘管派系林立，互相傾軋，常常屈服於君權專制，

3 李澤厚，《中國現代思想史論》（北京：東方出版社，一九八七）。

但從體制上說，它與君主皇權並駕齊驅，構成政壇上的權力平衡。

這個被稱之為「士」的統治集團，其精神傳統可以追溯到春秋諸子的活躍期，從孔子高度評價為西周王朝制定禮樂制度的周公旦的言辭裡，也可以把這一精神傳統追溯到西周時代。孔子自稱「述而不作」，其實是以古代先人的名義來梳理一系列的學術文獻，為後世確立了精神文化的傳統，即所謂儒道。很顯然，從周武王的封建君主系統和周公旦的賢臣系統一開始就做出了權力分野，孔子自覺地把自己的學術與抱負綁定在周公系統進行傳承，梳理出一個不同於貴族血緣政治的文化傳統。春秋列國的諸侯們鼠目寸光只顧家天下的利益，而孔子與同時代其他卓越的思想家們都已經放眼天下縱橫中原了。參照系不一樣，歷代文人在社會政治的實踐中逐漸形成了精神上獨立於君主專制的道統與學統，所謂「明君賢臣共治天下」的烏托邦，正是權力博弈的產物。這樣一種古代士的統治集團的文化傳統，在君主專制鼎盛時期往往難以顯現出高貴的一面，君權高於一切的時候，儒家文化表現出特別自私、冷漠和無恥的一面；然而奇怪的是，一旦天下失範王綱解紐，儒家文化立刻就顯現出自覺的擔當意識。這樣的時期，思想文化的創造力也特別活躍，思想專制讓位給百家爭鳴。周衰而諸子蜂起，漢衰而竹林長嘯，唐在安史之亂後，詩歌風骨畢現，宋在亡國南渡後，理學應時盛行，明末思想界更是空前活躍，顧炎武明確分出了一姓之亡與天下興亡的區別，顯露出真正的儒家本色。稍稍回顧歷史，君主專制一旦崩壞，思想文化大放異彩，這已成為規律，顛覆不破。

中國古代史上君主政統與文化傳統之間的關係，不是本文要討論的題目。之所以要回顧歷史，只是想說明，這樣一種士的精神傳統即使到了現代中國依然在發揮作用。「五四」新潮的興起，表面上看，是對傳統文化、尤其是對儒家文化的否定和批判，批判武器主要也是來自西方的思想。但我們還是要考慮以下兩個事實：首先是中國自鴉片戰爭以後，被迫進入現代化的歷程，這時候一部分漢族士大夫的「天下」觀發生了變化：他們發現有一個叫做「世界」的空間，不但比大清天朝大得多，而且還直接制約了天朝的命運。這個「世界」豐富而複雜，不但有邪惡的洋槍洋砲欺負中國，更有煥然一新的思想文化強有力地吸引著中國的讀書人，於是就有了洋務、改良、變法、留學、革命，最終形成一個由現代知識分子領導的思想文化啟蒙運動。因此，「五四」一代知識分子猛烈地批判傳統文化，宣導民主與科學，從本質上說，仍然是儒家文人的「天下興亡，匹夫有責」的精神傳統再生。他們與時俱進，研究新的天下觀（世界大勢），並以此為參照，批判君權專制以及後來的復辟夢，批判閉關鎖國、夜郎自大的愚昧政策，強調只有打破落後之國的一切文化藩籬，才可能讓中國容納到「世界」這一新的「天下」的格局裡去。其次是：兩千年的中國歷史，分久必合合久必分，經歷過四分五裂和異族入侵的慘劇，而維繫著大中華統一的，唯有漢文化的優秀傳統。異族統治者如滿族，原來也是有自己的宗教和文化，但在長期統治與被統治的磨合中，漢文化傳統反而占了上風。為此，中國知識分子一向有文化高於政權的認知。晚清以來，清朝統治風雨飄搖，但漢族士大夫對文化傳承沒有喪失信心。嚴復在戊戌變法失敗時，寫信給朋友說：「仰觀天時，俯察人事，但覺一無可為。然終謂民智不開，則守舊維新兩無一可。即使朝廷今日不行一事，抑所為皆非，但令在野之人與夫後生英俊洞識中西實情者日多一日，則炎黃種類未必遂至淪胥；即不幸暫被羈縻，亦將有復蘇之一日也。」這段話很值得細讀：所謂「開民智」，就是一種文化更新和普及運動，嚴復意識到中國傳統文化在新的世界格局裡要發生變化，唯有與時俱進，唯有容納新知，才能救國保種；萬一國家「被羈縻」，只要文化能夠更新發展，仍有重見天日的機會。所謂「守舊」、「維新」無非是政策路線之爭，如文化不能更新發展，政治上則是「兩無一可」。而「五四」啟蒙運動，正是嚴復「開民智」主張的必然結果——鑑於這樣兩個事實，我們似乎不難認識到：中國歷史自身的特點，在長期發展中形成了一個致命的誘惑：文化（可以稱作「道」或者「聖」）至高至上的傳統：文化高於政權，天下大於一姓。每當君主集權統治處於土崩瓦解之際，一定會有以文化顧命臣自居的士大夫（現代被稱作知識分子）挺身而出，他們未必能挽救末世頹運，但在思想文化傳承上卻往往有大突破，文化傳統由此更進一個台階。因此，我覺得可以把「五四」新文化運動看作是中國古代史的一個自然延續階段，猶如南宋、南明時代的讀書人面對異族入侵、國破家亡之際激起的一場場新的思想革命，而西方新思潮的東漸只是為這一場思想文化運動提供了強有力的武器。這是一場中國文化傳統進行自我涅槃的文藝復興，在中國由古代君主專制向現代民主體制轉型過程中，發揮了極其重要的作用。

在中國古代，文化傳承與王朝更替一般沒有直接關係，文化傳承是在相對封閉的學術圈裡進行；可是這一次新舊文化的更替則不一樣，面對了三千年未有之變局，兩千年君主專制體制迅速崩潰，兩次帝制復辟都遭到全國輿論的反對而垮台，可見維護民主共和是民心所向，所以「五四」作為一場順應了民心民意而發起的文化運動，它與社會的發展趨勢密切相關，它在思想上理論上能力上都培訓了一大批為新時代準備的中堅骨幹力量。沒有「五四」對青年學生的影響，很難設想在以後短短幾年裡會湧現出這麼多的菁英分子參與了大革命和新興的共產主義的運動。

我曾經把「五四」新文化運動界定為一場先鋒運動，這是與國際現象同步的。在世界大戰前後歐洲各國都出現過中小規模的先鋒文化運動，它以猛烈批判資本主義文化傳統、批判市民社會平庸和異化的姿態、以驚世駭俗的藝術方法，表達自己的政治文化訴求。「五四」的文化形態非常接近西方這類先鋒文化，但是「五四」新文化運動並不是直接接受了世界性先鋒文化而發生的，它幾乎是與世界性先鋒運動同期發生，但又具有獨立而鮮明的中國文化傳統的特點，換句話說，它具有一種世界性因素。歐洲的先鋒運動是在資本主義物質文明和民主政治充分發展以後，人性異化的對立物，它是在任何反對資本主義的文化力量都失去了效應以後出現的極端反叛形式，而中國的「五四」顯然不是。「五四」是在中國君主專制崩潰、新的民主政治體制還沒有健全形成之際的一個政治真空地帶產生的文化運動，與「五四」系列事件同時發生的，是第一次世界大戰，歐洲各國資本主義體制的黃金時期已經過去，俄羅斯在革命中又建立起新的蘇維埃政治體制——所以，傳統君主專制體制的殘餘、資本主義政治體制的衰敗以及新的社會主義體制的嘗試，構成了極其複雜混亂的文化思想，以極端形式引導了「五四」系列事件——「五四」在思想上的不成熟與它以批判的形式對中國社會產生巨大影響，構成了作為先鋒運動的兩大文化特徵。

但是，思想的不成熟和反叛精神的徹底性，決定了任何先鋒運動都是爆發性、短暫的運動，它不可能持久下去。「五四」也不例外。先鋒運動的失敗來自兩個方面：一個是足夠強大的資產階級政府有能力包容先鋒運動的反叛性，使反叛者最終成為受到主流社會歡迎的明星，這樣，被資產階級寵愛的浪子，就不再是先鋒了；另一個是作為小團體的先鋒運動，本來就不足以與強大的國家機器和社會主流抗衡，所以它要堅持自己的反抗使命，只能被吸收或融匯到更強大的實際的政治力量中去。在這個意義上認識「五四」系列事件，也就不難明白為什麼會出現胡適之與陳獨秀的分道揚鑣；也就不難明白為什麼「五四」精神培養出來的學生菁英基本上都走上了從政道路，在以後的國共兩黨恩仇史上有聲有色地表現了自己；也就不難明白，一九四九年大陸政權易幟，大多數知識分子儘管對未來社會並不了解，也未必認同，但他們還是心甘情願地把身體留在大陸，準備隨時聽從召喚，為新朝服務。如要探究這些原因，從淺表層次上說，是先鋒文化的必然趨勢；從縱深裡說，就是其背後有傳統士的道統力量起著制約作用。

如果放眼世界現代化進程的範圍來看，歐洲各國發展過程中，大約沒有像德國的現代史那麼接近中國的：這兩個國家在不同的時間維度上都成為現代化的後發國家。在歷史上，這兩個國家都曾經有過輝煌的榮耀時刻，也都蒙受過巨大恥辱，最不可思議的是，德國與中國都是在國家權力渙散、政治落後的歷史時期，非常相似地產生了足以傲世的燦爛文化——而從貧乏環境中誕生的燦爛文化，一方面總是表現出文化高於政權的烏托邦理想，但實質上又都是極度渴望有強大的政權力量來填補它的先天的虛空。德國知識分子在世界大戰中一邊倒地支持威廉二世發動戰爭，一邊倒地摧毀魏瑪民主體制，一邊倒地渴望在世界稱霸，最後不得不從二次戰爭失敗中承擔無與倫比的恥辱與教訓。這對於「五四」以來經歷了內戰、侵略、內亂、浩劫……終於走上了改革開放道路的中國人，尤其是中國的知識分子，是值得嚴肅思考的。

陳思和，上海復旦大學文科資深教授、中國語言文學系教授，長江學者特聘教授。

兩個五四，及其影響

王汎森

回顧過去九十年的「五四」文獻，我們一定會很快看出過去五、六十年在政治壓力之下，海峽兩岸的「五四」研究形成一種左右分裂的現象。中國大陸有關「五四」的文獻大多集中在左翼青年，尤其是與共產革命有直接或間接關係的人物與事件。台灣的「五四」書寫基本上偏重在右翼的人物、刊物、團體、事件，在戒嚴及白色恐怖的壓力下接觸一九三〇年代的左翼思想與文學往往帶有極大的危險。

事實上，「五四」幾乎從一開始就逐漸浮現出左右兩翼的思想成分，而且兩種成分常常出現在同一個人或同一個團體身上。我們可以大致看出，從一九一七年左右開始，新文化運動是以民主、科學、白話新文學等為主軸。在俄國十月革命成功之後，毛澤東說「十月革命一聲炮響，給我們送來了馬克思列寧主義」。此後左右兩翼時濃時淡，像調色盤中的色彩到處竄動、交融（譬如傅斯年也寫過〈社會革命——俄國式的革命〉）。其成色與分量之增減，與北伐、清黨等政治局勢的變化也有非常複雜的關聯。但是愈到後來，則儼然有左右兩個「五四」運動。

我認為，國共分裂的局面為「五四」的研究帶來了一種「後見之明」，有意無意間投射回被研究的人物、團體或事件上，因而使許多論者忽略了五四新文化運動時期的思想中有一種模糊、附會、改換、倏忽不定的特質；當時青年常將「新學理」掛在嘴上，但是不同宗派、甚至相互衝突的宗旨也在「新學理」的大傘下被並置。從《「五四」時期的社團》或《「五四」時期期刊介紹》等書，可以看出同一個社團或同一個期刊，往往同時擁有在當時不覺得互相排斥、而在左右兩翼分裂之後覺得不共戴天的思想成分。例如《毛澤東早期文稿》中有許多材料顯示，青年時期的毛澤東不管是閱讀的書刊，或是信從的觀點，都是左右雜存的（「問題與主義論戰」期間，毛澤東一度還是胡適「問題」派的信徒）。蔣介石早期的日記與年譜，亦復顯現他在「五四」時期一方面服膺「輸入新學理」的主張，積極學英文、想遊學歐美三年，同時也是《新青年》、《新潮》等刊物的愛好者。

以傅斯年、羅家倫兩位「五四」運動的主將為例，他們後來皆成為胡適陣營的人物，而且都堅決反共。可是如果以後來的發展，倒著回去看他們在「五四」時期的思想面貌，就會發現後來發展出的單一面相與「五四」時期有明顯的差距。傅斯年在《新潮》中發表過〈社會革命——俄國式的革命〉，在傅斯年過世之後台灣大學所編的集子以及一九八〇年聯經出版公司所出版的《傅斯年全集》，這篇文章都未被收入，因此遮蓋了他在「五四」時期思想的複雜性。至於羅家倫，他在念北京大學時原與李大釗過從甚密，曾積極撰文回應李大釗，主張俄國革命是最新的思想潮流，即將成為全世界之主流。

我們暫時不管這些全國知名的風頭人物，改看當時在地方上尚不知名的小讀者，也常見左右兩翼成分出現在同一人身上的情形。最近我有機會讀到《王獻唐日記》的列印本，在王獻唐一九一七年所讀的書中，既有胡適的《中國哲學史大綱》、《嘗試集》及《杜威五大講演》，也有《馬克思經濟學說》、《革命哲學》。倭鏗（Rudolf Eucken, 1846-1926）的《人生的意義與價值》（*Der Sinn und Wert des Lebens*）雜在《老子》、《莊子》、《東塾讀書記》、《求闕齋日記》之類古籍中。這一位不知名的山東青年的私人紀錄告訴我們，在當時青年心中，我們後來以為天經地義的分別是不存在的，所以應當合「左」、「右」兩端看那個時代，才能比較清楚地把握當時的實況，也比較能有意識地觀察它們後來為何分道揚鑣。

「五四」是一個改變近代中國各種氣候的關鍵事件，所以它的影響不僅限於思想。在追溯「五四」之思想根源時，我們往往因過度注意平滑上升的軌跡而忽略了事件發展、積累到一個程度，會因各種因素的彙集而有一個「量子跳躍」（quantum leap）的時刻。「量子跳躍」造成一種大震動、一種重擊，它對日常之流造成「中斷」、「回頭」、「向前」，形成了一種新意識，在認識原有的情境與材料時，形成了新的線索。

探究這樣一個歷史事件，用蒙文通的意思來說，必須要能「前後左右」。一方面是，在了解這個運動的形成時，不能只注意與運動內容直接相關的部分，必須從「前後左右」去尋找；另一方面是，描述這個運動的影響時，不能只局限在思想領導者所意圖要傳達的訊息，因為它的影響無微不至，常常在意想不到之處也發生了影響，故必須從「前後左右」去求索。

「五四」給人們帶來一種「新眼光」，老舍即回憶經過「五四」，有一雙「新眼睛」在影響著他的創作：

> 沒有「五四」，我不可能變成個作家。
>
> 我的觀察是，「五四」的瓜架上不是只有「德先生」、「賽先生」這兩隻大瓜，不經意的幾篇短文或幾句話都可能造成重要的影響，形成一種新的氣氛或態度：包括新的學術態度（譬如有「新」意識的人，對古代經書可能採取批判的態度，不會再把先秦禮經當作周代生活的實際紀錄。）、文化氛圍、人生態度、善惡美醜好壞的感覺與評價、情感的特質（譬如強大的「道德激情」）等。

「五四」也帶來一種新的政治視野，對於什麼是新的、好的政治，有了新的評價標準。用胡適在《新文化運動與國民黨》中的話說：「（民國）八年的變化，使國民黨得著全國新勢力的同情，十三年（國民黨改組）的變化，使得國民黨得著革命的生力軍。」

「五四」運動造成一波新的政治運動與政治菁英。真誠的信從者（true believer）與現實的利益往往套疊在一起，不再能分彼此，「新青年」及後來的「進步青年」成為一種既帶理想又時髦的追求後，帶出了一種新的現實，成為出風頭、趕時髦的資本。同時，連出風頭、趕時髦、吸引異性、戀愛的方式都有一種微妙的變化。

「五四」運動激起了一種關心國事、關心「新思潮」的風氣，造成了一種閱讀革命，書報閱讀者激增，能讀新書報即代表一種新的意向；而且也深刻地影響著青年的生命及行為的形式，人們常常從新文學中引出新的人生態度及行為的方式。在研究法國大革命時期的閱讀史時，有學者從一宗訂閱盧梭著作的通信中發現，有的讀者因為太深入盧梭的思想世界，竟模仿起盧梭的生命歷程及行為方式來。這類例子當然是常見的，晚清以來有許多人讀曾國藩的日記或家書，而在生命的安排及行為方式方面深受其影響。

像「五四」這種改變歷史的重大運動，它搖撼了每一面，把每一塊石頭都翻動了一下，即使要放回原來的地方，往往也是經過一番思考後再放回去。而且從此之後，古今乃至未來事件的評價、建構方式，每每都要跟著改變。譬如以「五四」作為新的座標點，古往今來的文學、藝術、政治、歷史等，都要因它們與「五四」的新關係而經過一些微妙的變化。即使連反對派也不能完全豁免。許多反對派隱隱然接受某些新文化運動的前提，或是為了與它對抗而調動思想資源，形成某些如非經過這一對陣，是不可能以這個方式形成或如此展現的討論形式，或是根本在新文化運動論述的籠罩之下而不自知。

這不是一種單純的「影響」，應該說是新文化運動當空「掠過」而使得一切分子的組成方式發生變化。此處可舉達爾文進化論與近代中國思想界的例子。這一學說影響許許多多人，可是起而與之對抗的學說（譬如宋恕等人的以弱者為主體的「扶弱哲學」），顯然是針對「優勝劣敗」、「適者生存」的「強權公理」的一種反擊；但反擊在另一種方面說是潛在的「反模仿」，如果不是因為有「天演論」，則不至於有像宋恕那樣動員各種思想資源來構作以歷史上的弱者為中心的哲學。至於章太炎提出「俱分進化論」，主張「善進惡亦進」，太虛大師用佛經來評天演論等等，也都不是「天演論」之前會出現的表述。

王汎森，中央研究院院士，中央研究院歷史語言研究所特聘研究員。

觸摸歷史與進入五四

陳平原

一九一九年五月二十日的《晨報》，報導「北京學生聯合會日前開會決議，從昨日起一律罷課，以為最後的力爭」，並截錄學生的《罷課宣言》和《上大總統書》。我感興趣的是，上述兩份文件已經正式使用「五四運動」這一概念。前者將「五四」運動的性質，定義為「外爭國權，內除國賊」；後者則稱曹、章、陸之賣國與攘權，「輿論不足以除奸，法律不足以絕罪」，故「五四運動實國民義憤所趨」。這兩份文件的作者不詳，倒是五月二十六日出版的《每周評論》上，羅家倫以筆名「毅」發表〈五四運動的精神〉，開篇即是「什麼叫做『五四運動』呢」。羅文著力表彰學生「奮空拳，揚白手，和黑暗勢力相鬥」的「犧牲精神」，並且預言：「這樣的犧牲精神不磨滅，真是再造中國之元素。」

對於這場剛剛興起的運動，國人投入極大的熱情，報刊上的文章幾乎一邊倒，全都認定學生不但無罪，而且有功。而《上海罷市實錄》（六月）、《民潮七日記》（六月）、《上海罷市救亡史》（七月）、《五四》（七月）、《青島潮》（八月）、《學風潮記》（九月）等書的出版，更令人驚訝出版界立場之堅定、反應之敏捷。

一個正在進行中的群眾運動，竟然得到如此廣泛的支持，而且被迅速「命名」和「定位」，實在罕見。從一開始就被作為「正面人物」塑造的「五四」運動，八十年來，被無數立場觀點迥異的政客與文人所談論，幾乎從未被全盤否定過。在現實鬥爭中，如何塑造「五四」形象，往往牽涉到能否得民心、承正統，各家各派全都不敢掉以輕心。「五四」運動的「接受史」，本身就是一門莫測高深的大學問。面對如此撲朔迷離的八卦陣，沒有相當功力，實在不敢輕舉妄動。

於是，退而求其次，不談大道理，只做小文章。相對於高舉經過自家渲染與詮釋的「五四旗幟」，若本文之「小打小鬧」，只能自居邊緣。

邊緣有邊緣的好處，那就是不必承擔全面介紹、評價、反省「五四」運動的重任，而可以僅就興趣所及，選取若干值得評說的人物與場面，隨意揮灑筆墨。舉個例子，談論「五四」遊行對於中國社會的巨大衝擊，歷來關注的是學生、市民、工人等群體的反應，而我更看重個體的感覺。眾多當事人及旁觀者的回憶錄，為我們進入歷史深處——「回到現場」，提供了絕好的線索。幾十年後的追憶，難保不因時光流逝而「遺忘」，更無法回避意識形態的「污染」。將其與當年的新聞報導以及檔案資料相對照，往往能有出乎意料之外的好收獲。

至於「五四」那天下午，在東交民巷的德國醫院裡陪二弟的冰心，從前來送換洗衣服的女工口中，知道街上有好多學生正打著白旗遊行，「路旁看的人擠得水泄不通」（冰心，〈回憶五四〉）；在趙家樓附近的鄭振鐸午睡剛起，便聽見有人喊失火，緊接著又看見警察在追趕一個穿著藍布大褂的學生（鄭振鐸，〈前事不忘〉）；從什剎海會賢堂面湖的樓上吃茶歸來的沈尹默，走在回家路上，「看見滿街都是水流，街上人說道是消防隊在救趙家樓曹宅的火，這火是北大學生們放的」（沈尹默，〈五四對我的影響〉）；遊行的消息傳到北京西郊的清華園，聞一多寫了一張岳飛的〈滿江紅〉，偷偷貼在食堂門口（聞一多，〈五四歷史座談〉）……諸如此類生動有趣的細節，在為「五四」那天的遊行提供證詞的同時，也在引導我們進入「觀察者」的位置。這些注重細節的追憶，對於幫助我們「觸摸歷史」，比起從新文化運動或巴黎和會講起的高頭講章，一點也不遜色。

正如孫伏園所說的，「五四運動的歷史意義，一年比一年更趨明顯；五四運動的具體印象，卻一年比一年更趨淡忘了」（孫伏園，〈回憶五四當年〉）。沒有無數細節的充實，「五四」運動的「具體印象」，就難保不「一年比一年更趨淡忘了」。沒有「具體印象」的「五四」，只剩下口號和旗幟，也就很難讓一代代年輕人真正記憶。這麼說來，提供足以幫助讀者「回到現場」的細節與畫面，對於「五四」研究來說，並非可有可無。

古希臘的哲人早就說過，人們無法兩次進入同一條河流。所謂「回到現場」，只能是借助於可能採取的手段，努力創造一個「模擬現場」。而創造的「過程」本身，很可能比不盡如人意的「結果」更為迷人。聽學者們如數家珍，娓娓而談，不只告訴你哪些歷史疑案已經揭開，而且坦承好多細節眾說紛紜，暫時難辨真偽。提供如此「開放性的文本」，並非不負責任，而是對風光無限的「回憶史」既欣賞，又質疑。對於「五四」運動的當事人來說，「追憶逝水年華」時所面臨的陷阱，其實不是「遺忘」，而是「創造」。事件本身知名度極高，大量情節「眾所周知」，回憶者於是容易對號入座。一次次的追憶、一遍遍的複述、一回回的修訂，不知不覺中創作了一個個似是而非的精彩故事。先是浮想聯翩，繼而移步變形，最終連作者自己也都堅信不移。面對大量此類半真半假的「五四故事」，丟棄了太可惜，引錄呢，又不可靠。能考訂清楚，那再好不過；可問題在於，有些重要細節，根本就無法復原。「並置」不同說法，既保留豐富的史料，又提醒讀者注意，並非所有的「第一手資料」都可靠。

半個世紀前，俞平伯在《人民日報》上發表〈回顧與前瞻〉，談到作為當事人，「每逢「五四」，北京大學的同學們總來要我寫點紀念文字，但我往往推托著、延宕著不寫」。之所以如此「矜持」，表面的理由是作為「一名馬前小卒，實在不配談這光榮的故事」；可實際上，讓他深感不安的是，關於「五四」的紀念活動，很大程度上已經蛻變成為「例行公事」。

從一九二〇年五月四日《晨報》組織專版紀念文章起，談論「五四」，起碼在北京大學裡，是「時尚」，也是必不可少的「儀式」。如此年復一年的「紀念」，對於傳播「五四」運動的聲名，固然大有好處；可反過來，又容易使原本生氣淋漓的「五四」，簡化成一句激動人心、簡單明瞭的口號。這可是詩人俞平伯所不願意看到的，於是，有了如下感概：

在這古城的大學裡，雖亦年年紀念「五四」，但很像官樣文章，有些朋友逐漸冷卻了當時的熱情，老實說，我也不免如此。甚至有時候並不能公開熱烈地紀念它。新來的同學們對這佳節，想一例感到欣悅和懷慕罷，但既不曾身歷其境，總不太親切，亦是難免的。

出於對新政權的體認，俞平伯終於改變初衷，開口述說起「五四」來，從此一發而不可收。幾十年間，忠實於自己的感覺，拒絕隨波逐流，基本上不使用大話、空話、套話，使得俞先生之談論「五四」，始終卓然獨立。讀讀分別撰於一九五九和一九七九年的〈五四憶往〉、〈「五四」六十周年憶往事〉，你會對文章的「情調」印象格外深刻，因其與同時代諸多「政治正確」的「宏文」味道迥異。

「五四」運動值得紀念，這點毫無疑義；問題在於，採取何種方式更有效。大致說來，有三種策略可供選擇。第一，「發揚光大」——如此立說，唱主角的必定是政治家，且著眼於現實需求；第二，「詮釋歷史」——那是學者的立場，主要面向過去，注重抽象的學理；第三，

「追憶往事」——強調並把玩細節、場景與心境，那只能屬於廣義的「文人」。無論在政壇還是學界，前兩者的聲名遠比個人化的「追憶」顯赫；後者因其無關大局，始終處於邊緣，不大為世人所關注。

我之所以特別看重這些個人化的敘述，既基於當事人的精神需求，也著眼後世的知識視野。對於有幸參與這一偉大歷史事件的文人來說，關於「五四」的記憶，不會被時間所鏽蝕，而且很可能成為伴隨終身的精神印記。五〇年代中期，王統照撰文追憶「五四」，稱「我現在能夠靜靜地回念三十五年前這一天的經過，自有特殊的興感。即使是極冷靜的回想起來，還不能不躍然欲起」（王統照，〈三十五年前的五月四日〉）；七〇年代末，當來客請周予同講講他參加「五四」運動的情況時，「他感慨地說：『老了老了！』激動地哭了，很久才平靜下來」（雲復、侯剛，〈訪周予同先生〉）。至於聞一多之拍案而起，與其發表追憶「五四」運動的文章同步；冰心之談論從「五四」到「四五」，更是預示著其進入八〇年代以後的政治姿態。可以這麼說，早年參加「五四」運動的歷史記憶，絕不僅僅是茶餘飯後的談資，更可能隨時召喚出青春、理想與激情。

至於俞平伯所說的「不曾身歷其境」、雖十分仰慕但「總不太親切」的後來者，其進入「五四」的最大障礙，不在理念的差異，而在實感的缺失。作為當事人，孫伏園尚且有「五四運動的具體印象，卻一年比一年更趨淡忘了」的擔憂，從未謀面的後來者，更是難識廬山真面目。借助俞、謝等先輩們瑣碎但真切的「追憶」，我們方才得以比較從容地進入「五四」的規定情境。

倘若希望「五四」活在一代代年輕人的記憶中，單靠準確無誤的意義闡發顯然不夠，還必須有真實可感的具體印象。對於希望通過「觸摸歷史」來「進入五四」的讀者來說，俞平伯、冰心等人「瑣碎」的回憶文字，很可能是「最佳讀物」。

隨著冰心老人的去世，我們與「五四」運動的直接聯繫，基本上已不再存在。三四十年代，活躍在中國政治、學術、文化舞台上的重要人物，大都與「五四」運動有直接間接的關聯；五六十年代，「五四」的當事人依然健在，加上新政權的大力提倡，「五四」運動的歷史意義家喻戶曉。但隨著時間的推移，我們距離「五四」的規定情境越來越遠，更多地將其作為政治／文化符號來表彰或使用，而很少顧及此「血肉之軀」本身的喜怒哀樂。

對過分講求整齊劃一、乾淨俐落的專家論述，我向來不無戒心。引入「私人記憶」，目的是突破固定的理論框架，呈現更加紛紜複雜的「五四」圖景，豐富甚至修正史家的想像。而對於一般讀者來說，它更可能提供一種高頭講章所不具備的「現場感」，誘惑你興趣盎然地進入歷史。當然，歲月流逝，幾十年後的回憶難保不失真，再加上敘述者自身視角的限制，此類「追憶」，必須與原始報導、檔案材料等相參照，方能真正發揮作用。

人們常說「以史為鑑」，似乎談論「五四」，只是為了今日的現實需求。我懷疑，這種急功近利的研究思路，容易導致用今人的眼光來剪裁歷史。閱讀八十年來無數關於「五四」的研究著述，感觸良多。假如暫時擱置「什麼是真正的五四精神」之類嚴肅的叩問，跟隨俞平伯等人的筆墨，輕鬆自如地進入歷史，我敢擔保，你會喜歡上「五四」，並進而體貼、擁抱「五四」的。至於如何理解、怎樣評判，那得看各人的立場和道行，實在勉強不得。我的願望其實很卑微，那便是：讓「五四」的圖景在年輕人的頭腦裡變得「鮮活」起來。

陳平原，北京大學博雅講席教授。

沒有五四，何來晚清？

王德威

「沒有晚清，何來五四？」是我論晚清小說專書《被壓抑的現代性》（*Fin-de-siècle Splendor: Repressed Modernities of Late Qing Fiction*, 1997）中文版導論的標題。長久以來，文學和政治文化史上的晚清一直被視為五四新文化運動的對立面，集頹廢、封建於一身。相對於此，五四則代表現代性的開端；啟蒙與革命，民主與科學的號召至今不絕。

這樣的二元史觀其實早已問題重重，但因學科建制和政治論述使然，學界始終不能攖其鋒。在《被壓抑的現代性》裡，我重讀太平天國以來的小說，企圖藉此重理晚清文學文化的脈絡，並挖掘「被壓抑的」現代性線索。我處理了狹邪、公案、譴責、科幻四種文類，視之為現代情感、正義、價值、知識論述的先聲。我認為在西學湧進的前夕，晚清作家想像、思辨「現代」的努力不容抹煞。

始料未及的是，因為「沒有晚清，何來五四？」這一命題，《被壓抑的現代性》中譯本在大陸出版後（二〇〇五）引起許多討論，至今不息。爭議最大的焦點在於，五四所代表的中國

「現代」意義空前絕後，豈容與帝國末世的晚清相提並論？更何況「沒有」、「何來」這樣的修辭所隱含的邏輯先後與高下之別。批評者或謂此書譁眾取寵，解構正統典範，或謂之矯枉過正，扭曲五四豐富意涵；等而下之者則刻意羅織線索，謂其反毛反黨反馬列。論晚清而反黨反毛，如此學術文章果然證明「厲害了，我的國！」

晚清文學一向被視為現代邊緣產物，如能因為一己並不算成熟的研究引起矚目，未嘗不是好事。但另一方面，部分論者所顯現的焦慮和敵意暴露「文學」在當代中國作為政治符碼，畢竟不能等閒視之。無可諱言的，直至今日中國官方歷史仍然在毛澤東《新民主主義論》的框架下展開，因此近代、現代、當代的劃分有其意識形態基礎，不容逾越。在這樣的論述下，五四具有圖騰意義，它必須是「新的」文學和歷史的起源，是啟蒙和革命的基礎。

我在書中強調，「沒有晚清，何來五四？」與其說是一錘定音的結論，不如說是一種引發批評對話的方法。我有意以在前現代中發現後現代的因素，揭露表面前衛解放者的保守成分，更重要的，我期望打破文學史單一性和不可逆性的論述。五四和晚清「當然」是兩個截然不同的時代，從政治、思想到文化、生活範式都有天翻地覆的改變。但這不必意謂兩者之間毫無關聯，更不意味歷史進展只此一家，別無分號。回顧每一個歷史節點，我們理解其中的千頭萬緒；必然與偶然，聯關與突變都有待後之來者的不斷思考定位。

對《被壓抑的現代性》的爭論多半集中在史料史實的辯駁，而忽略更深層次的批評動機。

論者往往強調晚清的「發現」是由五四首開其端。但以此類推，五四的「發現」豈不也總已是後見之明？在過去與現在之間不斷折衝，正是歷史化「歷史」的重要步驟。我使用「時代錯置」（anachrony）、「擬想假設」（presumptive mood）方法看待晚清與五四的公案，目的不在解構傳統而已——那未免太過輕率虛無。恰恰相反，我希望以此呈現現代與傳統異同的糾纏面相，以及「俱分進化」的動力。班雅明（Walter Benjamin）有言，革命歷史的神祕力量恰恰在於召喚過去，以古搏今，爆發成為「現在」（jetztzeit）的關鍵時刻：「呈現過去並不是將過去追本還原，而是執著於記憶某一危險時刻的爆發點。歷史唯物論所呈現的過去，即過去在歷史一個危險時間點的意外呈現。」[1]

這帶向第二類批判：晚清是否果然具有現代性，或如何被壓抑和解放，也成為討論熱點。事實上一九三〇年代嵇文甫、周作人分別自左右不同立場，將中國現代性上溯到晚明；日本京都學派更將宋代視為中國現代的起點。這類追本溯源的做法可以無限推衍，但也恰恰是我希望打破的迷思：我們不再問晚清或五四「是否」是現代的開端，而要問「何以」某一時間點、某一種論述將晚清或五四被視為現代的開端。倡導托古改制、微言大義的「公羊派」經學曾經沉寂千年，何以在晚清異軍突起，成為維新者的托詞；百年之後，「公羊派」又何以成為後社會

1 Walter Benjamin, *Illuminations*, ed. Hannah Arendt, trans. H. Zohn (New York: Schocken Books, 1969), p. 257.

主義論述支柱之一？換句話說，我們的問題不再是發生學的，而是考掘學的。

除此，識者亦有批評：小說作為一種文類，是否能承載被壓抑的現代性？我認為梁啟超一九〇二年提倡小說革命，不僅是文學場域的突變，也是一場政治事件，一次敘述作為歷史載體的重新洗牌。梁啟超認為小說有「不可思議」之力改變人心。如果穿越時空，他或許可以與漢娜・鄂蘭（Hannah Arendt）產生共鳴。鄂蘭強調敘述——說故事——是構成社會群體意義的根本動力。她更認為革命的精神無他，就是激發出前所未有的新奇力量（pathos of novelty）。馮夢龍《古今小說》序曾有言，「史統散而小說興」。斷章取義，我要說相對於大言夸夸的大說，是小說才承載了生命的眾聲喧譁。晚清如此，今天更是如此。

《被壓抑的現代性》出版已逾二十年。許多未必完備的論點已有後之來者的補強，而曾經被視為末流的晚清現象，居然引領當代風潮。二十一世紀以來科幻小說勃興，甚至引起全球注意。回顧晚清最後十年的科幻熱，彷彿歷史重演。而歷史當然是不重演的。將過去與現在或任何時間點做出連接比較，劃定意義，本身就是創造歷史的行動。

延續「沒有晚清，何來五四？」的命題，我們甚至可以推出又一層辯證：「沒有五四，何來晚清？」五四的意義坐標如此多元，從中我們可以看出許多新舊知識分子的掙扎問難，從而理解他們來時之路的曲折。也正是因為五四所帶來的啟蒙思想，我們才得以發揮主體「先入為主」的立場，重新看出埋藏在帝國論述下無數的維新契機，被壓抑而復返的衝動。五四可以作為一個除魅的時代，五四也同時是一個招魂的時代。

梁啟超在五四前後歐遊，之後轉向情感教育與倫理美學，比起當年倡導小說革命的豪情壯志，他的思想是退步了，還是以退為進？魯迅的變與不變一樣耐人尋味。曾經號召以文學「攖人心」的摩羅詩人歷經五四，轉而成為死去活來、「自抉其心」的屍人。這是徬徨頹廢，還是置之死地而後生的召喚？歷經哲學美學轉向的王國維此時傾心考古和文字學，最終自沉而亡；眼前無路，他以此調動了反現代性的現代性。而晚清的章太炎在革命與保守之間劇烈擺盪，並以唯識佛學作為超越起點。五四之後章成為風雲時代的落伍者；五四百年之後章證明他才是「鼎革以文」的先行者。同樣的，沒有對五四的期望或失望，我們何來對晚清或任何其他時空坐標的投射？

當代學者與其糾結於「沒有／何來？」的修辭辯論，不如對「文學」，或「人文學」的前世與今生做出更警醒的觀察。在五四百年以後的今天，如果我們仍然希望發揮五四啟蒙、革命的批判精神，豈不應擱置天天向上的樂觀主義，見證啟蒙所滋生的洞見與不見，革命所帶來的創造與創傷？這是和諧歲月，也是維穩時代。我們奉五四之名所嚮往的眾聲喧譁是否實現？抑或我們不得不退向晚清，重新想像魯迅所召喚的「真的惡聲」？

在眾多質疑「沒有晚清，何來五四？」的論述裡，似乎未見對問號這樣句式的討論。事實上新式標點符號就是五四的發明。一九一九年秋，馬裕藻、周作人、胡適、錢玄同等提出〈請頒行新式標點符號議案〉，次年教育部頒行採用。在眾多標點符號中，問號的語義學其實複雜多端，可以是詮釋學式的求證、哲學式的探索、解構式的自嘲、政治式的先發制人。在不同的情境和時期裡，問號指向疑問、詢問、質問，甚至天問。面向過去與未來，五四是一個提出問號的時代。一百年以後紀念五四，我們仍然有前人的勇氣和餘裕，對新時代提出百無禁忌的問號麼？

王德威，中央研究院院士，哈佛大學東亞語言與文明學系暨比較文學系 Edward C. Henderson 講座教授。

文化，思想，歷史

五四@100

MAY FOURTH @ 100

「共和」話語

陳建華

對於近現代中國的政治、思想與文學文化，「共和」是重要概念之一。據《史記》西元前八四一年周厲王因「國人起義」而出逃，周公和召公共同執政，史稱「共和行政」。與「革命」一詞相似，至近代也通過日本的翻譯而又返回中國而產生新義，並用於政治實踐。據陳力衛考察，在十九世紀多種日文的英華詞典裡，意謂歐美政體的「Republic」已被翻譯為「民主之國」，在中國，王韜開始使用「共和新政」之詞，意指西方議會政體。有趣的是，一九一一年的辛亥革命可說是重複了「湯武革命」的模式，卻結束千年帝制而開創了「共和」政治，以協商替代專制、改良替代革命，為「共和」話語提供了多元發展的可能性。柯偉林稱二十世紀中國是「共和的世紀」[1]。此說新穎，或者從「共和」與「革命」的張力的角度來觀察二十世紀中國，能給歷史帶來新的啟示。

1 柯偉林，《不確定的遺產》（北京：九州出版社，二〇一二），頁一三一—四〇。

民國建立之後武人當政，議會政治一團糟，但因此認為「共和不得人心」則頗有問題。舉個例子：一九二〇年六月一日《申報》增設〈常識〉版，其〈發刊詞〉指出：「由二千年古國之文化，配合歐美共和國之文化而產生，忽忽九年，擾攘紛紜，迄無寧歲。」文中把共和國比作幼童的「學齡」階段，對於政治文化上的「制度移植」持一種發展態度。的確，無論袁世凱稱帝還是張勳復辟，皆旋起旋滅。梁啟超投身於「護國」之役，其〈異哉所謂國體問題者〉如討袁檄文，四方回應，「共和」不可逆轉。袁死後無人再言帝制，安福俱樂部也打出「以保持統一，鞏固共和，勵行憲政，保育民生為宗旨」的旗號，不得不依照「共和」的遊戲規則。因此從「長程」發展觀來看「共和」話語與政治體系的歷史演變將另有一番風景。

主持〈常識〉版的是楊蔭杭。他在日本和美國獲法學學位，民初任京師高等審判庭長、京師高等檢察長等職，一九二〇年被《申報》聘為副總編輯。如〈發刊詞〉說：「本報同人，念民國保育之責，不當希望政府，當由國民自任。」他對當局失去信心，卻目光朝下做大眾啟蒙，開設道德、法律、衛生和經濟等欄目宣傳憲法、選舉等現代知識，同時在大量評論中直斥北洋軍人「喪心病狂」，甚至聲稱「取消北京政府」[2]。

從一九二二年十月《學衡》上劉伯明的〈共和國民之精神〉一文來看，像楊蔭杭那樣堅持「共和」的不在少數。其實《新青年》創刊時不乏主張「共和」、反對「專制」的論調，不久陳獨秀、李大釗等轉向激進的「整體改造」論，此後知識精英之間新舊壁壘分明，對待「共和」的態度是分水嶺。

楊蔭杭對「共和」的信念離不開媒體機制。與〈常識〉版相呼應的是〈自由談〉主編周瘦鵑，與楊一樣在時評中對總統或國會議員指名道姓地嬉笑怒罵，其實也是《申報》為他們提供了批評空間，在探索「言論自由」的限度，也是利用與拓展「共和」建制的實踐方式。

「共和」與「專制」不相容，與「自由」、「民主」等概念親近，其中「男女平權」觀念為婦女解放起了推動作用。如領導婦女參政運動的唐群英在參議院掌摑宋教仁成為一個歷史性事件，David Strand在《未完成的共和》一書中認為由是帶來一種「新型的政治」。她們的〈上參議院書〉發表在一九一二年六月的《婦女時報》上：「茲幸神州光復，專制變為共和。政治革命既舉於前，社會革命將踵於後。欲弭社會革命之慘劇，必先求社會之平等。」這裡「社會革命」是個關鍵提示，含有漸進改良的「共和」精神，這種精神體現在民國時期法制、教育、商業等各方面的建制性成就，對這些方面近數十年來有很多研究成果。

以文學文化史方法研究「共和」不光須關注概念，應該像楊蔭杭那樣把目光朝下考察「國民自任」的廣闊社會空間，將觀念與社會實踐做整體與局部互動的多截面描述。一九一六年楊塵因在《新華春夢記》中有個描寫雲南省城某市集的細節，寫到民眾對袁氏稱帝的反應，一些

---

2 見其女楊絳編，《老圃遺文輯》（北京：長江文藝出版社，一九九三）。

女子對「男女平權」的體會：「共和的好處，我們是早已知道了。不過我們的嘴巴拙，不會學那班女學生，按天將新名詞當歌唱，難道良心上話兒，我們也不會說麼？」袁世凱死後「黑幕」小說盛行，對他鞭笞或嘲弄，《新華春夢記》即其中之一，表達出大眾對「共和」的擁戴之情。這類「黑幕書」包括《申報》連載的〈百弊叢譚〉，對政界和社會各界的弊端的揭露提出了如何對公共事務進行輿論督察和改進行業法規的問題，頗有民主成分。至於周作人等人配合官方「通俗教育研究會」把「黑幕書」連同「鴛鴦蝴蝶派」的《玉梨魂》等統統否定則是另一回事了。

民國伊始，隨著「亞洲第一個共和國」的誕生，人文精神似乎突然走出末世的陰影而顯得新機勃勃。文學、戲劇、電影、攝影、美術一時並起；僅一九一四至一九一五年間創刊的三十餘種文藝雜誌呈現各種形式彙集的新媒體景觀，如《婦女時報》中「破天荒中國女子之凌空」圖或《中華小說界》中「世界將來之偉人」圖，一洗清末「亡國奴」心態而獲得一種新的「共和」主體形象，其話語形態也多元而包容，代表「西化」與「進化」、「國粹」與「復古」的思潮同時並存，文藝形式融新舊、雅俗、中西於一爐。舞台上京劇、文明戲、女子新劇、改良京劇爭奇鬥豔，東西方美女並置的圖像也象徵著文化兼容。從流行的百美圖、月份牌與雜誌封面女郎可見西化寫實、彩色印製的畫風，妓女被學生與居家婦女所取代，通過燈下閱讀、戶外運動、跳舞彈鋼琴等圖景打造「新女性」形象，皆成為告別「專制」與「革命」而憧憬美好新生活的隱喻。文學方面以貼近都市日常生活為基本特徵，由文人、印刷資本與讀者之間的互動而造成時尚閱讀與文化消費的新範式。在袁世凱專制的重壓下一些南社文人轉向都市文化生產，如《禮拜六》週刊將傳統的「文以載道」切換成個人的娛樂閱讀方式，也完成文人自身的身分轉型；徐枕亞的《玉梨魂》以「抒情傳統」為小說加冕，標誌著小說的現代尊崇地位的確立；《小說畫報》是第一本完全刊登白話作品的雜誌，比《新青年》先走一步；翻譯偵探小說成為市場新寵，為增強讀者的現代都市意識發揮了重要功能，尤其像高劍華及其女性同人編輯的《眉語》雜誌，宣揚愛情文化，甚至大量刊登女子裸體圖像，其大膽顛覆傳統性別角色的風格更具一種深刻的激進性。

這些例子表明在民初時期一種新的社會與文化力量的興起，與相繼由華商開張的先施、永安百貨公司形成精神與物質並進的形態，在半殖民上海更具有建構本土主體的意味。「共和」話語無疑是現代中國的精神動脈之一，對其生成與發展值得做深入探索。

陳建華，上海交通大學人文學院致遠講席教授。

思想革命

王風

一九一七年一、二月，胡適和陳獨秀在《新青年》二卷五、六號上，分別發表〈文學改良芻議〉和〈文學革命論〉，這是二人相互配合的作戰。胡適發其端，陳獨秀「拖四十二生的大炮，為之前驅」。不過，二人所論方向頗有不同。藉胡適後來的說法（《中國新文學大系・建設理論卷・導言》），其所謂「八事」，總體上還是偏重於「文字工具的革新」。而陳獨秀的「革命軍三大主義」，則似乎偏向的是「文學內容的革新」了。

其後錢玄同、劉半儂（後來改名劉半農）加入討論，基本上都圍繞著胡適的主張進行。包括不斷被揪出的「選學妖孽，桐城謬種」，也在其「不通之典故與肉麻之句調」（〈通信・玄同致胡適〉），是為「標準國語」掃除障礙（胡適，〈建設的文學革命論〉）。

而這一年的周氏兄弟，對於胡陳錢劉等的諸多討論，可謂了無關係。周作人四月一日抵京，入住紹興會館，亦即魯迅筆下的S會館。魯迅是此前一年，亦即一九一六年五月六日，遷居此間的「補樹書屋」。半個世紀後，周作人回憶其時情景：

我初來北京，魯迅曾以《新青年》數冊見示，並且述許季茀的話道，「這裡邊頗有些謬論，可以一駁。」大概許君是用了民報社時代的眼光去看它，所以這麼說的吧。但是我看了卻覺得沒有什麼謬，雖然也並不怎麼對，我那時也是寫古文的……（蔡子民，〈二〉）

對於《新青年》，兄弟二人的感覺，是既「沒有什麼謬」，又「並不怎麼對」。換句話說，是既無附和的衝動，也沒有駁斥的價值。周作人言「我那時也是寫古文的」，實則兄弟二人，除最早期魯迅翻譯凡爾納時試用過白話外，從來都是文言寫作。而且也沒有任何跡象表明，他們曾經考慮過改行白話。

周作人到京三個月後，七月一日，張勳復辟。那天是星期日，「魯迅起來得相當的早，預備往琉璃廠去……聽到的時候大家感到滿身的不愉快」（「復辟前後」，〈二〉）。按周的說法，這一事件對於他們來說，是關鍵的觸媒：

經過那一次事件的刺激，和以後的種種考慮，這才翻然改變過來，覺得中國很有「思想革命」之必要，光只是「文學革命」實在不夠，雖然表現的文字改革自然是聯帶的應當做到的事，不過不是主要的目的罷了。（蔡子民，〈二〉）

由此可以見出，周氏兄弟加入《新青年》並非追隨胡適、陳獨秀的主張，而有著自己另外的關懷。固然，此時他們同意「文字改革」，但參與「文學革命」背後的動因卻是「思想革命」。其所接續是十年前兄弟在東京的工作思路，此時重新發動。

其實魯迅的《吶喊・自序》也是這樣的敘述邏輯，全文分為兩大部分，從《新生》的失敗直接跳到金心異為《新青年》約稿。據周作人日記，錢玄同來紹興會館，八月分三次，分別是九日、十七日、二十七日，其後每月一次。周認為約稿發生於八月，應該是可信的，因為他九月十八日所完成的〈古詩今譯〉，就是為《新青年》而作（蔡孑民，〈二〉）。

一九一八年一月周作人開始在《新青年》發稿，而魯迅似乎確實並非「切迫而不能已於言」（《吶喊・自序》），直到五月才出手〈狂人日記〉，這無疑也是「思想革命」的文學表達。至八月開始大量寫作〈隨感錄〉，則於「故事」之外，直接針對「時事」發言。而一九一八年末至一九一九年初，周作人集中以「論文」的方式，為「文學革命」直接注入「思想革命」的內容。一九一八年十二月刊發〈人的文學〉，其開宗明義言：

> 我們現在應該提倡的新文學，簡單的說一句，是「人的文學」。應該排斥的，便是反對的非人的文學。
>
> 新舊這名稱，本來很不妥當……思想道理，祇有是非，並無新舊。（周作人，〈人的文學〉）

此處隱含著對「新文學」一說的異議，即於「思想」而言，判定標準只能是「是非」，而不能是「新舊」。也就是說，「新」未必「是」，而「舊」也不一定「非」。以白話代文言，只是「新舊」更替，而忽略其「是非」。在周作人看來，胡適奉為圭臬的《水滸》、《三國》、《西遊》之類的「通俗行遠之文學」（胡適，〈文學改良芻議〉），恰恰是大有問題的。

〈人的文學〉列出十類「非人的文學」，其中列舉了十部古典小說，《水滸》、《西遊記》赫然在列。這十部中，只有《聊齋志異》和《子不語》是文言，其他均是白話小說（周作人，〈人的文學〉）。以此可見出其與胡適路線的根本差異。其實早在一九一四年，周作人寫過一篇〈小說與社會〉，其中言及：「蓋欲改革人心，指教以道德，不若陶熔其性情。文學之益，即在於此。第通俗小說缺限至多，未能盡其能事。往昔之作存之，足備研究。若在方來，當別辟道塗，以雅正為歸，易俗語而為文言，勿復執著社會，使藝術之境蕭然獨立」（陳子善、張鐵榮編，《周作人集外文一九〇四—一九四八》）。這裡主張「易俗語而為文言」，是因為歷史上的白話文學，在周作人看來，從「思想」層面都是有「缺限」的。

而到一九一八年，就書寫語言來說，周作人已反過來「易文言而為俗語」了，因而需要在這個前提下，重新立說。〈人的文學〉寫就半個月後，他作〈平民文學〉，這是針對陳獨秀等人的主張。所謂「古文多是貴族的文學，白話多是平民的文學」，周作人以為是不盡然的，判斷的標準只能是「普遍與否，真摯與否」。以此標準，「只有《紅樓夢》要算最好……因為他能寫出中國家庭中的喜劇悲劇，到了現在，情形依舊不改，所以耐人研究」（仲密，〈平民文學〉）。隨後他的〈思想革命〉，則有更明確的表述：

我們反對古文，大半原為他晦澀難解，養成國民籠統的心思，使得表現力與理解力都不發達，但別一方面，實又因為他內中的思想荒謬，於人有害的緣故。……如今廢去古文，將這表現荒謬思想的專用器具撤去，也是一種有效的辦法。但他們心裡的思想，恐怕終於不能一時變過……不過從前是用古文，此刻用了白話罷了。話雖容易懂了，思想卻仍然荒謬，仍然有害。

中國懷著荒謬思想的人，雖然平時發表他的荒謬思想，必用所謂古文，不用白話，但他們嘴裡原是無一不說白話的。所以如白話通行，而荒謬思想不去，仍然未可樂觀……無論用古文或白話文，都說不出好東西來。……所以我說，文學革命上，文字改革是第一步，思想改革是第二步，卻比第一步更為重要。（仲密，〈思想革命〉）

毋寧說，在周作人那兒，文言白話根本不是個核心問題，白話承載荒謬思想，這早已為歷史所證明。因此，重要在於為「新文學」賦予什麼樣的內涵，〈人的文學〉云：「用這人道主義為本，對於人生諸問題，加以記錄研究的文字，便謂之人的文學」，這不涉及文言還是白話。周作人並舉例論述：「譬如兩性的愛……其次如親子的愛」（周作人，〈人的文學〉），而在此文之前，魯迅有〈我之節烈觀〉，之後有〈我們現在怎樣做父親〉，可見出兄弟二人的合作與呼應。

至於更早發表的〈易卜生主義〉，胡適自以為是「人的文學」主張的起源（《中國新文學大系・建設理論卷・導言》），實則只是一篇易卜生的介紹。其所謂「易卜生的人生觀只是一個寫實主義。易卜生把家庭社會的實在情形都寫了出來叫人看了動心，叫人看了覺得我們的家庭社會原來是如此黑暗腐敗，叫人看了覺得家庭社會真正不得不維新革命：——這就是易卜生主義」。歸根結蒂，無非是一九〇二年《新小說》創刊號上，梁啟超〈論小說與群治之關係〉文中學改良群治思路的翻版。

王風，北京大學中國語言文學系教授現代文學教研室副教授、研究員。

新文學與舊傳統

戴燕

如果說「新文學」運動是以胡適〈文學改良芻議〉、陳獨秀〈文學革命論〉在《新青年》雜誌上的發表為標誌，在一九一七年一月、二月揭開帷幕，那麼講思想學術史，我想還應該再提前一年，也就是要回到一九一六年，這一年，也被稱作「中華帝國洪憲元年」。《新青年》在當時是被寄予了「灌輸常識，闡明學理，以厚惠學子」的厚望，在一九一七年九月的讀者來信中，還可以看到人們對它有「不必批評時政，以遭不測，而使讀者有糧絕受饑之歎」的要求，所以，儘管早已經輿論沸騰，在一九一六年的正月號上，主編陳獨秀還是表現得比較克制，僅僅是說在新的一年裡，他相信經過一戰的洗禮，歐洲的軍事政治、思想學術「必有劇變」，而在中國，他希望青年們能與一九一五年之前的「古代史」隔絕，於政治、社會、道德、學術各個方面更新自我，以等待民族的更新（〈一九一六〉）。然而到了二月，他就忍不住發表評論，指出「三年以來，吾人於共和國體之下，備受專制政治之痛苦」，到了現在，有識之士「愛共和之心，因以勃發，厭棄專制之心，因以明確」，擁護民主共和之國體又或擁護君主立憲之專制政治，「今茲之役，可謂新舊思潮之大激戰」（〈吾人最後之覺悟〉）。

這是「新文學」運動發生之前的情形，袁世凱背叛共和、復辟帝制，走上與「獨立平等自由」這一世界現代文明相反的道路，讓《新青年》發行不到半年，就找到了自己的發力點，話題迅速地聚焦於政治思想、政治文化的改革。在這樣的氛圍下，「新文學」運動以及新的「國語運動」也都呼之欲出。也就是後來黎錦熙在〈國語運動史綱序〉中說的：「民國五年的國語運動，調本唱得很低；民國六年的新文學運動，調卻高了一些；民國七年這兩種運動合而為一；民國八年就發生了五四運動，高調低調都算唱成了一段落。」

陳獨秀認為「儒者三綱之說」是君主立憲制的倫理思想基礎，魯迅也講過孔子是在袁世凱時代「被從新記得」，「跟著這事出現的便是帝制」（〈在現代中國的孔夫子〉）。他們是十九世紀八〇年代前後出生的人，這一代人經過晚清的政治變革及挫折，都把儒教和帝制的關係看得很透徹。在一九一七年一月一日出版的《新青年》上，排在胡適〈文學改良芻議〉前面的，有高一涵寫的〈一九一七年預想之革命〉，其所預想的革命，便是要打破專制思想，在政治上揭破「賢人政治」的真相，在教育上打消「孔教為修身大本」的憲條。而當袁世凱被迫取消帝制，過了大概一個月，陳獨秀發表〈舊思想與國體問題〉，仍然說：「如今要鞏固共和，非先將國民腦子裡所有反對共和的舊思想，一一洗刷乾淨不可。」被他看作非要洗刷掉不可的舊思想裡，除了孔教，便是文人學士所寫「頌揚功德、鋪張宮殿、田獵的漢賦，和那思君明道的韓文杜詩」。

以漢賦、韓文、杜詩為主流的傳統文學，既被歸為像孔教一樣的「舊思想」，這些舊思想又被視為君主立憲制得以存續的基礎，在陳獨秀的文學革命論裡，對於這樣的舊文學，因此只有不遺餘力的排斥。我們看胡適後來講他的「文學革命」衝動，經常提到的兩件事情，一是某留學生監督的一張小傳單，一是他和幾位留學生友人關於詩文的辯論，他說自己的衝動乃是由此產生（〈逼上梁山〉，《胡適口述自傳》），但與當時人在海外的胡適相比，凡親身經歷過袁世凱稱帝這一段歷史的人，感受著令人壓抑的氣氛，無論是較為年長的陳獨秀、魯迅、周作人、錢玄同，抑或年輕幾歲的傅斯年，一旦加入新文學陣營，都比胡適的態度要激烈得多，對傳統文學的批判更加徹底，對文學思想和文學內容之革新的要求，也超過對文學形式的關注，用胡適形容陳獨秀的話來說，就是有一種「老革命黨的口氣」（〈四十自述〉）。

錢玄同就說過新文學和國語的背後是新思潮，這是因為主張古文，一定接著講「文以載道」，談國語，也不能不「牽及學術思想」（〈黎錦熙，〈「是個垃圾成個堆」〉的附言〉）。所謂「新思潮」，就是陳獨秀說的擁護德先生（民治主義）、賽先生（科學），擁護源起於十八世紀歐洲的啟蒙思想，而擁護德先生、賽先生，「便不得不反對國粹和舊文學」（〈本志罪案之答辯〉）。國粹和舊文學，是在這種歷史情境下被判的死刑。帝制復辟這一政治逆流，成了從反向助推新思潮的力量，對晚清以來以「言文一致」為主要目標的文學改革和語言文字改革，也是一個很大的刺激，推動著新文學和國語兩大潮流在一九一六到一九一九短短的幾年間密切配合，「一蹴而就」，取得前所未有的成績。

在一九一七年四月初寫自紐約的信中，胡適談到他作〈文學改良芻議〉，初衷「不過欲引起國中人士討論……以收切磋研究之益」，他那時還想像不到隨後短短一年多，新文學就破土而出，在一九一九年「五四」學生運動的影響下，新文學更傳遍全國。魏建功正是在一九一九年考進北京大學的，當時「完全被『新』的思想潮流所動盪」（〈「五四」三十年〉），所以，在為胡適四十歲生日寫的一篇很有名的平話體祝壽文中，曾經盛讚胡適為「革新中國文學的先鋒將」，使中國學術界完成了「從思想的革新到學術的革新，從文學的改革到文字的改革」（〈胡適之壽酒米糧庫〉）。

戴燕，上海復旦大學中國語言文學系教授。

學理、主義和現實社會
——再探「問題與主義」論辯

楊貞德

一九一九年五四遊行後，胡適在七月分針對輿論中主義滿天飛的情況，發表〈多研究些問題，少談些「主義」〉一文，並因而引發一場他與李大釗、藍公武等人關於「問題與主義」的論辯。這一事件具有多方面的重要性，雖然早已引起學界的關注和討論，卻也因為其中所及議題至今未息，在百年後的今日讀來依然饒具興趣。

既有研究曾經從不同角度解析這場論辯。它們或者以胡適或李大釗為對象，檢視其中言論在他們兩人思想中的地位，或者發掘論辯的思想脈絡；或者著眼於知識分子的行動，視之為以「新青年」為旗幟的知識分子分道揚鑣的開始，自由主義與馬克思主義的第一次爭辯，以及從輿論到政治行動、從自我啟蒙（改革個人的思想）到嚮導人民（意識形態化新人）的關鍵。它們又或者就思想的內容，視之為時人的重要關注所在；例如：中國問題的解決應從個別的具體問題或整體的根本解決著手、採取改革或革命的手段、根據實驗主義或者馬克思主義，以及如何在學理與主義、在外來主義和中國國情之間有所選擇和調整等等難題。除此之外，既有研究也從歷史後見之明，就自由主義和現代性共有的核心議題——自由與獨裁、自由經濟與計畫經濟之辨——探討這場論辯的意涵。

以這些研究為基礎，下文擬另取學理、主義與現實社會三者的糾結為題，說明再探此次論辯的一個可能方向。之所以留意這般糾結，主要因為當時知識分子所關注的，不僅是中西思想的相互作用，也是知識上如何能有效運用學理和主義於現實。除此之外，這一視角也能抉發近代中國思想史上部分猶待深究的議題。

「主義」一詞在晚清輿論中即已得見。及至五四時期，更有主義乃屬必要（無論其內容為何）的說法，且如胡適所言，出現了各式各樣的主義，即使政治人物（如安福系）也加入宣揚主義的行列。「主義」究竟為何物，是否有別於學理，有何功能與危險？何人具有解說主義的能力或正當性？個人如何在眾多的主義中取捨，如何面對和服膺所取的主義？社會是否／何以需要一致的主義？這些問題在在都亟待釐清。以此為背景，胡適將問題與主義對比而談。他的說法與眾人相繼而起的討論，形構出一套五四解說時局和自我定位時的有力語言。

胡適在論辯中將學理與主義並列，並於〈多研究些問題，少談些「主義」〉文中，首先即表示：

要知道輿論家的第一天職，就是細心考察社會的實在情形。一切學理、一切主義、都只是這種考察的工具。有了學理作參考資料，便可使我們容易懂得所考察的情形，容易明白某種情形有什麼意義，應該用什麼救濟的方法。

依照胡適的解說，主義應時勢而起，始於「救時的具體主張」，在傳播的過程中由具體的計畫變成抽象的名詞；這使它容易為人接受，但也容易成為誤導的因子，或被用以騙人，或是滿足人心追求新奇和包醫百病之「根本解決」的想望。是而，胡適雖然承認學理和主義是研究問題的工具，還是把多研究問題和少談主義提成對立的兩個選項。

藍公武認同胡適的部分說法，也同樣將「主義學理」合起來說，但力圖進而有所澄清，他指出：「問題」和「主義」的性質都不單純；「主義」最重要的部分在其理想，理想的強弱決定主義的力量。主義的抽象性愈大，涵蓋力愈大，吸引的人愈多，也愈能顯現解決問題的必要和方法；主義的研究和鼓吹是解決問題，最重要切實的第一步。李大釗的回應如同藍公武般，強調主義的理想性和工具性。他而且以馬克思主義為例，宣言其中主張的經濟革命（唯物史觀）是中國問題的根本解決，階級鬥爭說（能夠組織和動員人民）是經濟革命的必要工具。換言之，馬克思主義內含不同的學理；它不只是青年人的理想或者行為準則，更是因應中國現實需要的集體行動的動力，是採取暴力的理據。胡適在答覆藍公武時，強調不可將學理和主義當作宗教或絕對真理；在面對李大釗時，則部分地肯定唯物史觀，堅決地反對階級鬥爭說。他將馬克思主義視為可以分解的不同學理的組合，並且意圖緩解其暴力取向。

胡適、藍公武和李大釗的論辯，為輿論界帶來解說中國問題的語彙和基調，影響深遠。二十年代初期，問題與主義的討論蔚為風潮，之後也以不盡相同的樣貌重現。整體而言，胡適的結論與期許恰相反於日後歷史的走向。五四以降，唯物史觀和階級鬥爭說在中國共產主義中的關係日趨密切，運用的範圍日漸擴大，終成為具有高度封閉性的意識形態。之所以如此的成因及其歷史意涵相當複雜。從思想史的層面看，梳理這般現象的辦法之一，或即在於重探這場問題與主義論辯，分析其中的知識取向——例如：其人如何理解問題的界定方式、主義的性質、馬克思主義的特徵（帶有何種凝聚力和排他性）、用以衡量知識所具有價值的理念和信念（包含真理、理想、現實社會、方法和效果）——以及凡此觀點在實際歷史時空中的變化和異化。更進一步地，這些分析的結果將亦有助於開展下列議題：找出「學理」這一概念和個別學理在近代中國思想上的位置；思索「理論」和「經驗」的內涵與彼此關係；乃至於考量社會主義之於今日中國的意義。

楊貞德，中央研究院中國文哲研究所研究員。

五四的反啟蒙

：人生哲學與唯情

彭小妍

一九二三年爆發「科學與人生觀」論戰，歷來主流論述認為人生觀派是保守分子，在科學進步的時代仍堅持儒釋道傳統，抱殘守缺。事實上當年梁啟超、蔡元培領導的人生觀論述與美育運動合流，透過跨歐亞反啟蒙運動的串聯，企圖創新傳統，尋找傳統在現世的意義。人生觀的概念來自倭依鏗（Rudolph Eucken, 1846-1926）一八九〇年所使用的Lebensanschauung一字，一九一二年安倍能成自創漢字語彙，翻譯為「人生觀」後，由中國人生觀派直接挪用，掀起了五四時期有關「情感與理性」的認識論辯證。主要論點是：人對自我、他人及宇宙的認識，究竟是透過情感，還是透過理性？人生觀派呼應柏格森（Henri Bergson, 1859-1941）與倭依鏗的「人生哲學」（philosophy of life），認為哲學應脫離認識論的純理性知識探討，從生命出發，探討人之所以為生的特性——也就是情。主流研究向來認為五四是啟蒙理性運動，事實上，同時期人生觀派提出的「唯情哲學」大力批判科學理性主義，認為情感的啟蒙才是解決人生問題的根本；此即五四的反啟蒙。

「唯情哲學」的主張是為了解決「唯物」、「唯心」的心物二元論，認為情融合了心與物、人生與宇宙、主觀及客觀、精神與物質。朱謙之的〈唯情哲學發端〉（一九二二）認為情就是宇宙本體，藉由易學傳統定義什麼是「情」：「情不是別有一個東西，即存於一感一應之中」，又說「宇宙進化都成立於這一感一應的關係上」，變化不已。這正是西方情動（affect）理論主張的「生命動能的相互關係」（force-relations）。袁家驊的《唯情哲學》（一九二四）則提出「情人」的概念，指出尼采的超人是「向權力進行的意志」，懷抱極端的個人主義，以小我、假我為活動的範圍；情人則是「向本體活動的感情」，以大我及無我為真我。人生哲學及唯情觀在五四時期及其後影響深遠，這是主流研究歷來忽略的。

五四時期對唯情哲學呼應最力的，莫過於「性博士」張競生的烏托邦作品《美的人生觀》（一九二四）與《美的社會組織法》（一九二五）。《美的人生觀》自剖：「我所提倡的不是純粹的科學方法，也不是純粹的哲學方法，乃是科學方法與哲學方法組合而成的『藝術方法』。」這說明了張氏企圖在科學派與人生觀派的科哲二分之外，尋找第三種可能性——以藝術方法來融合科學與哲學。這顯然是響應蔡元培的美育運動，無政府主義者李石岑在〈美育之原理〉（一九二二）中，就主張「美育者發端於美的刺激，而大成於美的人生」，又主張「美育實一引導現實社會入於美的社會之工具」。人生哲學是一種實踐哲學，蔡元培的〈美育的實施方法〉（一九二三）規劃「美的社會」藍圖，從「未生」到「既死」都具備了。張競生的「美的社會」亦然，其提倡的「美的人生觀」及「美的社會」，乃人生觀派理念之拓展。張進一步主張「唯美主義」，指出「美能統攝善與真，而善與真必要以美為根底而後可。由此說來，可見美是一切人生行為的根源了，這是我對於美的人生觀上提倡『唯美主義』的理由」。五四是一個主義的時代，論者皆知，卻少有人注意當年「唯情主義」與「唯美主義」的互相發明。張競生稱其「美的社會」為「情愛與美趣的社會」，即是明證。

《美的社會組織法》所提倡的「情人制」，正是呼應袁家驊的「情人」概念。袁的「情人」，簡而言之，是「有情之人」；張競生的「情人」，也出於此意，但更標舉愛的意義，不僅是男女之愛，還有家國、人類、眾生之愛。張氏主張「愛與美的信仰」及「情人的信仰及崇拜」，雖然響應蔡元培的「以美育代宗教」說，但也稍加修正：「與一班宗教僅顧念愛而遺卻美的用意不相同，即和一班單說以美代宗教而失卻了愛的意義也不一樣」。對張競生而言，藝術教育包含了情感教育與性教育，亦即，心靈的情感啟蒙不能忽略身體的啟蒙。張認同人生觀派及美育運動的情感啟蒙，但進一步進入身體啟蒙的領域；「靈肉合一」是其烏托邦理論的基礎。因此一九二六年其《性史》的出版乃順理成章，但因其探討女性情慾及女子性高潮所出之「第三種水」，卻招來「性博士」的譏諷，使其理想主義者的聲譽一落千丈。學界不乏張競生性學的相關討論，但卻不知其烏托邦思想與人生哲學的關聯。

五四之後，將五四人生哲學發揚光大的，是無名氏寫作於一九四五年至一九六〇年的六卷本小說《無名書》。男主角印蒂高中畢業前夕離家出走，在精神危機中憑著「盲目的感覺」尋找生命的真理。初投身革命的驚濤駭浪，繼而追求愛慾、墜入靈魂墮落的虛無深淵，於是開始思考神與宗教的意義，逐漸體悟儒釋道在禪修中融合為一體的世界觀。如同人生觀派，印蒂由我出發，探詢我與眾多非我——大自然、宇宙、有情眾生、他人——的關係，最後把關懷眼界放到全人類，甚至「整個星際空間」。印蒂的人生哲學伴隨著倫理觀，他與藝術家、思想家、實業家朋友們按照「地球農場」的理想，創造新的社會實踐及人生追求。書中說道：「行動是思想的唯一見證者，至少，社會思想與人生哲學是如此」。早在一九四三年無名氏就認為「人的『感覺』及『直覺』的特徵，還遠過於『思辯』的特徵[……]嚴格說來，理智的分析也應該屬感情的綿延之流」。五四的人生哲學及情感啟蒙主張，正是直接挑戰啟蒙理性主義；我們應正視啟蒙時代的反啟蒙論述。

彭小妍，中央研究院中國文哲研究所研究員。

現代覺音

應磊

一九一九年五月九日，即佛誕後兩日，佛教期刊《覺社叢書》第三期在上海出版。章太炎的一篇演說詞和梁啟超的一篇〈什麼是（我）〉是這期的顯要文章。「佛法廣大，說之百年不盡。今為引起大眾信解，略以三事說明。一者判教。二者略舉教義。三者佛法世法之關係。」章太炎在演說詞起首這樣說。章太炎立三項標準，即有無階級、有無臆造、有無執著，對包括基督教、伊斯蘭、儒教、印度吠檀多派和佛教在內的諸宗教進行比較，結論是萬法唯心、無神無我的大乘佛教最為殊勝。演說接近尾聲，談及佛法與世法的關係，章太炎指出，佛法真正的優長在於其對平等的徹悟：「鄙意平等一義，出世入世，悉當奉為科律，是乃真為佛法勝處耳。……真平等者，非獨與萬物不生殊念，即是非善惡，亦皆泯然齊同。佛法以外，唯此土莊子齊物論明之。」

梁啟超的文章不僅體現了他一貫平實曉暢的風格，還寫得活潑俏皮。「諸君別要因為我是信仰佛教的人，笑我說話總帶些宗教臭味。」梁啟超開篇宣講四大皆空便如此自嘲。不過，任公之意不在「無我」，甚至不在佛教教義。他筆鋒一轉，從「我」寫到「我們」，從個體的「小我」寫到同時代千千萬萬乃至古往今來無數人合而構成的「大我」，最後一錘定音：「大我」才是「真我」，「小我」消融於「大我」，這才是「無我」。走筆至此，任公仍不忘化用佛陀教誨。佛說「一切眾生同一佛性」，他說，就是這個道理。

《覺社叢書》是佛教團體覺社的季刊。覺社的靈魂人物是太虛法師（一八九〇—一九四七），民國漢傳佛教界最富創新精神亦最具爭議性的僧伽領袖。一九一八年初秋，太虛與陳元白（一八七七—一九四〇）、黃葆蒼（一八八四—一九二三）、蔣雨岩（一八八四—一九四二）、章太炎、王一亭（一八六七—一九三八）、劉仁航（一八八四—一九三八）諸白衣，在上海創立覺社，以「自覺覺他覺行圓滿」為宗旨，出版刊物，講授佛學，推動佛教革新。

太虛幼失怙恃，依外祖母長養於庵院，十六歲出家。一九〇八年，年方弱冠的太虛最初讀到康有為（一八五八—一九二七）、梁啟超、譚嗣同（一八六五—一八九八）、章太炎和嚴復（一八五四—一九二一）的著作，深為心折，遂發以佛法救世之宏願。民國二年，中華佛教總會於上海成立，太虛任會刊《佛教月報》總編，是年初識章太炎於哈同花園。《佛教月報》創刊寥寥數月即夭折，但太虛借這一平台發表的一系列論述已然為其倡導的「佛教革命」奠定基礎。民國三年秋至六年春，太虛掩關普陀，關中一面讀佛典一面讀時文，尤其是章太炎的著作和嚴譯《天演論》。這段潮音作伴的潛心歲月，令太虛難以忘懷。至覺社創立，太虛時寓愛多亞路，與章太炎也是廬為鄰，時相過從，被稱為「海上二太」。

這裏要說的不單單是一個激進僧人吸收時代新思潮的故事。事實上，這些「新」思潮裏有許多太虛早就爛熟於心的詞彙和義理。晚清儒家意識形態屢遭重創；與此同時，新近躋身「世界宗教」的佛教則迎來新一輪現代時空下的復興，尤其唯識宗對心念的精密闡釋被認為與西方科學及心理學不相頡頏，吸引了眾多知識分子的目光。在梁啟超看來，佛學乃是晚清思想界的一脈「伏流」。他在〈清代學術概論〉中寫道，「晚清所謂新學家者，殆無一不與佛學有關係，而凡有真信仰者率皈依文會。」即使是專注西學的嚴復，亦不時在《天演論》中暢談佛理，更不必說醉心佛學並與佛門中人交往密切的梁啟超、譚嗣同和章太炎。在萬木草堂，青年梁啟超從康有為那裏第一次感受到佛教的深邃。數年後，摯友譚嗣同的從容捨身，再度印證大乘菩薩道「不厭生死，不愛涅槃」、「未能自度，而先度人」的撼人力量。無獨有偶，傾慕禪宗的譚嗣同與力舉唯識的章太炎，同樣透過佛教的稜鏡發現了「平等」的精義。閱讀這些同時代人的著作如何不教太虛心馳神往：佛法救世是這位心志遠大、銳意求變的法師與世紀之交一眾革新志士共通的憫願。對這一代危機中的中國知識分子而言，他們所身陷的宇宙觀、生命意義與倫理秩序的危機非「富強」二字足以解答。正如章太炎在他的演說詞末尾強調的，「簡單」之說不可取，必須「超絕數層」。

正是在這樣的歷史和思想背景下，民國佛教期刊如雨後春筍般湧現，尤其在二十至三十年代。十九世紀後半葉，機械化活字印刷術和平版印刷術被引入中國，為期刊這一形態的印刷品的風行提供了技術支持。佛教徒的身影活躍在知識界，民國出版佛教期刊逾兩百種之多，包括漢傳佛教史上第一份女性信徒創辦的刊物《佛教女眾專刊》。

一九二三年創刊的《佛化新青年》，從名字上看，最直接照映五四新文化運動中佛教社群的參與。然而，民國佛教期刊的勃興不應僅僅被視作新文化運動的佛教版本。這些佛教期刊在根源上和整體上所凸顯的「覺」的意識——「自覺覺他」——是先於五四、孕育並推動現代中國啟蒙運動的一股重要力量。繼《覺社叢書》之後，二十年代出版的《三覺叢刊》，三十年代出版的《正覺》、《覺社年刊》、《人間覺》、《覺津雜誌》、《覺有情》、《覺音》，四十年代出版的《覺迷》、《覺群週報》、《覺訊月刊》，前赴後繼，「覺」音迴響不絕於耳。這覺音一再昭示，聆聽那一個眾聲喧譁的時代，需要我們打破長久以來一種源自世俗主義立場的偏見與不見。

囿於時代動盪，經費不敷，民國佛教期刊大多曇花一現。《覺社叢書》不是最早亮相的現代漢傳佛教期刊，卻是生命力最長久的一個。一九二〇年元月，《覺社叢書》更名《海潮音》，改為月刊。「海潮音非他，就是人海思潮中的覺音。」太虛在創刊號上如此宣告。一九五〇年初，在太虛圓寂後三年，《海潮音》遷移台灣，發行至今。

應磊，哈佛大學東亞語言與文明學系博士，上海復旦大學文史研究院博士後研究員。

《國故》月刊

——夭折的「古學復興」

石井剛（ISHII Tsuyoshi）

傳統學術在「五四」新文化運動中究竟扮演了什麼角色？關於胡適等人所提倡的「整理國故」，已有相當數量的研究，我在本文想說的是不甚為人提到的另外一種「國故」運動。劉師培和其麾下學生創辦的《國故》月刊便是其推動者。

劉師培可否算作「五四」新文化人物？他早年投身光復事業，在同盟會的《民報》上發表革命文章，傾心於無政府主義。爾後，他竟然投靠端方出賣同盟會，民國成立後發起籌安會支持袁世凱復辟。在政治立場上，如此搖擺的人物應屬罕見。但是，蔡元培就任北京大學校長後不顧反對之聲聘請他任文科教授講授中國文學。蔡元培「兼容並包」的開闊胸懷自不必說，劉師培的確有其過人的學術造詣也是不爭的事實。他是辛亥前宣導國學最有影響的《國粹學報》核心撰稿人，其小學知識之淵博曾讓章太炎叫絕。如馮友蘭自傳中的回憶那樣，北大學子也不能不對其學問表示敬佩。

劉師培在北大教書時已患肺疾，講課時聲音不洪亮，也常常缺課。無論是體力還是思想，他已經完全落後於時代。雖然如此，把他納入到新文化人物的行列當中去，其理由無他：仰慕他的學術而聚集的學生們在校方支持下舉辦《國故》月刊，實質上構成了「五四」新文化運動中「新思潮」的重要組成部分，該刊主張的重要性在某種意義上甚至高過胡適宣導的「整理國故」。《國故》月刊僅出四期。劉師培過早的去世也是此刊夭折的一個原因，也因此，該刊並沒有產生應有的歷史影響。

當時得到北大資助的刊物還有《新潮》和《國民》，或稱「北大三刊」。其中，胡適一派的《新潮》和《國故》被視為代表進步和保守兩個陣營。雖然劉師培公開表示《國故》「只求學理之是非，而無意見之爭執」，但還是受到了《新潮》的挑戰：毛子水和張煊在這兩個刊物上圍繞研究國故的意義進行了小論戰。已有研究證明，其實兩人之間共同點多於分歧，在兩派對峙中不易看得到很清晰的對立點。但毛子水的攻勢尤其激烈，幾乎到了莫名其妙的程度。

張煊在《國故》上發表很多文章，進行了國故的理論性探討，無疑是該刊同人中的代表。特別是，第二期的〈論難與進步〉一文所顯示的學術發展觀和胡適從詹姆斯（William James）學來的實驗主義真理觀相像。他認為「蓋世無常勝，惟真理能常勝。然所謂真理者，究烏乎屬。世之學者，殆莫不以己說為合於真理，而後人每得而傾之，則所謂真理者，恐將屬於世界末日之末語」。因此，學人相互論難是學術發展之要，段玉裁屢次駁其師戴震是典型的例子。

不用說，「清代學者的治學方法合乎科學精神」是胡適的得意命題。張煊專門拿出清學中功績最大的師徒兩個證明國故本身的進步性和科學性。

同以「整理國故」做到「打鬼」功效的胡適相比，張煊更傾向於強調「學古」本身的意義。他在第四期的〈中國文學改良論〉中說：「言語名物，悉用舊典；文不師古，勢不可能」，道破了觀念的革新依賴於舊有語言的道理。想一想，「五四」也如此。新文化人中辛亥前曾師從章太炎，受到過其深邃古典知識的薰陶者不少，文學革命實際上是與「文學復古」相伴而生的。同樣，《國粹學報》標榜「國粹無阻於歐化」，劉師培的「國粹」亦是將古代學術整合在西方現代範式的方法。無論章太炎還是劉師培，他們都通過重新搞活古代語言要將西方現代來源的新知融會到中國話語，並給傳統學術注入嶄新的詮釋。和將古籍視為「史料」的胡適以及《新潮》同人相比，晚清的章劉二氏以及吸收劉氏學術成長的《國故》同人更懂得國故本身具有隨時代發展一起發展演化的道理，若依張煊的說法，則為「國故方生未艾」。

張煊強調治國故並非「抱殘守缺」。《國故》便是其體現。如陳鐘凡的《諸子通誼》提出很有趣的命題——「六經皆禮」。章學誠曾提出「六經皆史」，經過章太炎的表彰，繼而為胡適「整理國故」提供了一個理論依據。陳鐘凡則否定它而提出此命題，說「六經皆古之典禮，百家者禮教之支與流裔也」。其實，此一說法並非他首創，劉師培一九〇六年在《國粹學報》上曾發表〈典禮為一切政治學術之總稱考〉為之先導。乍看之下，「六經皆禮」只是說經書都是周朝禮儀典章制度的文獻載體之意，和「六經皆史」說相距不遠。但這裡，隱含著對禮概念的新詮釋。劉師培說認為周朝政治和學術不分，都統合於禮，「豈若後世以虛文末節為禮，復以典禮為束縛人民之具哉！」陳鐘凡則謂：「道德仁誼失而後有禮」，也就是，太古的理想道德失去效力才「制禮作樂」。這個解釋合乎《荀子・禮論》「人生而有欲，欲而不得，則不能無求；求而無度量分界則不能不爭，爭則亂，亂則窮。先王惡其亂也，故制禮義以分之，以養人之欲，給人之求」的說法。「六經皆禮」命題要將經學詮釋提升為治亂的方法，而這種政治思想的出發點無非是「人生而有欲」的前提。在「禮教吃人」的控訴聲勢浩大的「五四」時期，這種解釋可以從完全不同的面相討論禮的意義，為新的政治的產生提供契機。研究國故豈止「整理國故」之意！

綜上而論，研究國故實際上是創造新文化所離不開的有機組成部分。《新潮》的歐文刊名為 *The Renaissance*。「文藝復興」舊譯為「古學復興」，意指回到古學以圖恢復人性。研究問題、輸入學理、整理國故、再造文明——胡適〈新思潮的意義〉一文中的這四項要點無一不是《國故》所實踐過的。其名聲雖然遠不如《新潮》之大，但也許它更好地體現了古學復興的理念。如果《國故》沒有中挫，它將會使國故和新知在「五四」浪潮中並駕齊驅。

石井剛（ISHII Tsuyoshi），東京大學總合文化研究科教授。

重估《學衡》

季進

一九二一年五月，遠在哈佛的吳宓，收到梅光迪從南京東南大學的來信，力邀他到東南大學擔任英語教授兼英國文學教授，並稱已與中華書局談妥，請吳宓回來創辦《學衡》雜誌，「聚集同志知友，發展理想事業」[1]。幾年前，梅光迪還在哈佛就讀時，吳宓就與梅光迪、陳寅恪、湯用彤等人過從甚密，大家常常聚在一起，縱論時事。梅光迪和吳宓尤其對胡適等人在國內所宣導的新文學，大為不滿，相約日後回國要與新文學派鏖戰一番。吳宓直言：「夫『新文學』者，亂國之文學也。」[2]「我儕以文學為專治之業，尚未升堂入室，而中國流毒已遍佈。『白話文學』也，『寫實主義』也，『易卜生』也，『解放』也，以及種種牛鬼蛇神，怪象

1 吳宓，《吳宓自編年譜》（北京：生活・讀書・新知三聯書店，一九九五），頁二一四。
2 吳宓，《吳宓日記》（一九一九年十二月三十日），《吳宓日記》第二冊（北京：生活・讀書・新知三聯書店，一九九八），頁一一五。

畢呈。糞穢瘡痂，視為美味，易牙伎倆，更何所施？每一念及，憂從中來，不可斷絕，然亦無裨，只當強自攝斂心神，按日讀書，異時相機奮力行事，一切聽之天命可耳。」[3]現在，梅光迪的來信，似乎讓吳宓看到了「奮力行事」的機緣，立刻回電，欣然接受，毅然決定放棄北京師範學校，改往東南大學，要與梅光迪共創一番事業。一九二一年七月中旬，吳宓登上「俄羅斯皇后號」，啟程回國，在海輪上還為《留美學生季刊》寫下了著名的〈再論新文化運動〉。半個月後，吳宓抵達上海，八月中旬在上海一品香旅館，舉辦了與陳心一的結婚儀式，九月初正式入職東南大學。不久，湯用彤、顧泰來、樓光來等昔日的哈佛同窗，也先後來到東南大學聚首，逐漸形成了現代文學與文化史上一個重要的知識群體——「學衡派」。

一九二二年一月，在梅光迪、吳宓等人的張羅下，《學衡》雜誌順利創刊。這份以中外思想文化評論為主，兼有現實文化批評的雜誌，先後出版七十九期，持續長達十一年之久（其實由於種種原因，梅光迪一年之後便不再參與《學衡》，後來的十年，完全是吳宓以一己之力量，獨立支撐著這份刊物）。吳宓、胡先驌、梅光迪、柳詒徵、湯用彤、劉伯明、樓光來等人，以《學衡》為中心，形成了有著大致相同的學術志向與文化精神的學衡派知識分子群體。吳宓的執著、湯用彤的平和、劉伯明的開放，形塑了《學衡》的獨特品格，使之成為一九二〇年代能與《新青年》激進知識分子群體相抗衡的重要文化力量。然而，由於歷史的誤構，此後幾十年《學衡》備受冷落。直到一九九〇年代以後，學術界和思想界才重新發現與評說《學衡》和文化保守主義傳統，吳宓頗為傳奇的個人生活與性格特點，甚至一度成為話題熱點。值此新文化運動百年紀念之際，拂去厚厚的歷史塵埃，《學衡》與新文化運動的複雜關係，仍舊讓人深長思之。

《學衡》創刊伊始，就立下了辦刊方針，希望超越一時之尚，「論究學術，闡求真理，昌明國粹，融化新知，以中正之眼光，行批評之職事，無偏無黨，不激不隨」[4]。他們的思想文化批評基本上偏於學理，與現實政治保持著一定的距離。並不是他們不想在公共話語空間爭得話語權力，只是因為他們是一群追求道德理想的理想主義者，現實與理想的對立和反差，常常使其陷入矛盾之中。吳宓在日記中說，處今之世，有的人但計功利，以圖事功，有的人懷抱理想，恬然退隱，他卻希望兩者兼顧。「心愛中國舊日禮教道德之理想，而又思以西方積極活動之新方法，維持並發展此理想，遂不得不重效率，不得不計成績，不得不謀事功。此二者常互背馳而相衝突，強欲以己之力量兼顧之，則譬如二馬並馳，宓以左右二足分踏馬背而縶之，又以二手堅握二馬之韁於一處，強二馬比肩同進。然使吾力不繼，握韁不緊，二馬分道而奔，則

3 吳宓，《吳宓日記》（一九二〇年四月六日），《吳宓日記》第二冊（北京：生活・讀書・新知三聯書店，一九九八），頁一四八。

4 見於每期雜誌的刊首。

宓將受車裂之刑矣。此宓生之悲劇也。」[5]進而言之，這又豈只是吳宓一人的「悲劇」，其實也是《學衡》，也是一群人、一代人的「悲劇」。

《學衡》與新文化運動的關係，並不是我們所想像的那麼涇渭分明，非此即彼，相反，兩者之間倒頗多暗合或關聯之處。我們當然可以看到他們對新文化運動、對五四新文學的抨擊和批判，梅光迪甚至攻擊文學革命是「標襲喧攘」，「以肆意猖狂，得其偽學，視通國無人耳」[6]。但是，他們並不是固守傳統的復古派，也不是完全排斥新文學、新文化，只不過他們所想像與認同的新文學、新文化，與激烈反傳統的《新青年》派迥然不同。吳宓說，正是因為渴望真正的新文學，所以才會對當下的新文學運動有所批判：「新文化運動，其名甚美，然其實則當另行研究，故今有不贊成該運動之所主張者，其人非必反對新學也，非必不歡迎歐美之文化也，若遽以反對該運動所主張者，而即斥為頑固守舊，此實率爾不察之談。」[7]《學衡》上甚至還發表過幾篇白話小說，其中包括了吳宓自己的小說〈新舊因緣〉。翻一翻《學衡》雜誌，不難看出他們的確是希望在中西文化的宏闊背景下，以一種超然獨立的態度，追求終極的價值理性。這種價值理性的重要淵源正是他們所服膺的新人文主義理念。「世之譽宓毀宓者，恒指宓為儒教孔子之徒，以維護中國舊禮教為職責。不知宓之資感發和奮鬥之力量，實來自西文。」[8]所以，《學衡》一方面會大量發表關於中國傳統文化的研究和探討，兼及教育、道德、社會諸問題，還有不少舊體詩作；另一方面又熱衷於引進白璧德的新人文主義，試圖以人文主義的文化發展的承繼性和規範性，來制衡文化激進主義所帶來的文化價值觀念的失範和倫理道德的淪喪。人文主義成為他們安身立命之「道」，《學衡》也因此成為「論道」的人文主義堡壘。

顯然，在新文化運動的時代語境中，它顯得那樣的不合時宜，尤其是學衡派諸位還想依循自己的文化理念對當下的新文化運動說三道四，這就為新文化激進知識分子所不容了。魯迅的一篇〈估《學衡》〉，「一槌定音」，決定了學衡派後來幾十年的命運。其實，僅僅從幾十期的《學衡》來看，是看不出多少對新文化運動的「惡毒攻擊」的，其根本衝突還在於如何看待中國傳統的舊文學與舊文化。學衡派認為，中國文化不是該不該新，而是如何新，而激進知識分子則要掃蕩一切，重創一種嶄新的文明，從而推進中國的現代性進程。現在回過頭來，重新觀照他們「新」與「舊」的立場分歧，學衡派對傳統文化的尊重態度與中庸的價值取向，恰恰是創建一個富有活力的現代社會所不可或缺的。在尊重現存秩序的歷史連續性的前提下，漸進地求得新機制在舊機制內的生長，可能更是實現中國富強與現代化的有效途徑。而且，學衡派也

5 吳宓，《吳宓日記》（一九二七年四月十四日），《吳宓日記》第三冊（北京：生活・讀書・新知三聯書店，一九九八），頁三五五。

6 梅光迪，〈評提倡新文化者〉，《學衡》一期。

7 吳宓，〈論新文化運動〉，《學衡》四期。

8 《吳宓詩集》附錄〈空軒詩話〉之二十四（上海：中華書局，一九三五）。

為新文學引入了西方文化與世界文學的維度，如何在傳統與現代、世界與本土的對話中，以更具包容性、世界性的立場，尋求新文學的發展路徑，正是百年中國文學始終面臨的重大問題。從這個意義來說，周作人當年說，《學衡》「只是新文學的旁支，決不是敵人」[9]，倒是極有見地的。

季進，蘇州大學文學院教授。

9 周作人，〈惡趣味的毒害〉，《晨報》，一九二二年十月九日。

南北五四不同論

——對上海在五四新文化運動中的價值建構的一個思考

楊揚

對五四新文化運動的論述，可以從不同層面不同視角來論述，也可以側重於不同問題和不同人物來論述，當然還可以從史料本身以及新文化運動的思想影響等方面來梳理。以往論述五四新文化運動，比較多著眼於新文化運動的整體活動和社會影響，也比較多集中於新文化運動領導人的思想。本文希望通過對比研究的方法，對五四新文化運動研究有一些新的拓展，這一研究拓展，核心內容是將五四新文化研究的關注焦點，從北京轉移到上海。看看上海城市空間中對新文化力量的凝聚以及示範，以此擴大我們對五四新文化運動的理解。

林語堂先生一九六一年一月十六日在美國國會圖書館發表〈「五四」以來的中國文學〉講演中，總結五四新文化運動的經驗時指出，五四新文化運動，最重要的貢獻是北京大學和《新青年》雜誌，掀起了新的文化運動。換句話說，在中國思想文化史和文學史上，此前還沒有一場運動是像五四新文化運動這麼做的，而五四新文化運動能夠順利展開，成為波及全國的一場思想文化運動，得力於北京大學《新青年》雜誌的鼎力相助。當然，林語堂在文章中還說，五四新文化運動不是在北京開始的，而是在美國，國內的運動只是中國留美學生關於文化問題爭論的延續和擴大。林語堂先生作為五四新文化運動的見證人，包括他與魯迅、胡適等人有很深的個人交往和長期合作關係，他的說法有很多個人的體會和經驗在其中。

從學術層面來提煉五四新文化運動的經驗，正像林語堂先生所說，大學和期刊作為文化因素加入到思想文化的討論之中，包括文學運動之中，五四新文化運動的確是開啟了中國現代文化，包括現代文學的開端。但我們應該注意到的是，中國現代文化和文學的孕育和啟航過程中，還有一些因素值得我們重視，這就是城市和現代文化組織。這裡要強調的是，所謂城市和文化組織，都是帶有現代意義的，區別於中國傳統社會中的城市與組織的理解。正是從這一意義上來看待五四新文化運動，我們不能不注意到現代城市，尤其是當時中國最大最現代化的城市——上海，在新文化、新文學運動中所具有的作用和歷史價值。儘管中國大陸已有《五四運動在上海》這樣的史料集和論文集出版，但並不意味著研究者已經意識到五四新文化運動在中國南北兩座城市之間的聯繫和差異。換句話說，有很多類似的書籍在中國出版，諸如《五四運動在四川》、《五四運動在廣東》等，但它們很多只是一般地記錄和陳述新文化運動在這些地方的開展和傳播情況，並沒有將五四新文化運動的起源和構成，與特殊的地域空間和文化因素結合起來思考，從而將某種重要的思想文化的影響因素突現出來。所以，強調上海在新文化運動中的特殊作用和地位，不僅讓我們意識到前置的五四新文化在上海這一文化空間中的孕育和培植，也讓我們重新思考五四新文化運動的動力源泉和現代思想方式。

概括起來講，中國文化研究中，一直以來就有南北文化不同論的看法，只不過不同時代對南北的定義有所不同罷了。近代以來，南北文化的不同，對應的文化象徵符號變成了上海與北京。北京自晚清以來，給人的印象是皇權和故都文化的象徵，政治意味勝於上海。而上海作為一座新興的現代城市，商業興城、對外貿易是它的基本底色，在文化上有海納百川的「海派」文化特色。所以，五四新文化運動在北京興起之前，南北文化不同論，在很多人的心目中是存在的，當然未必有二〇、三〇年代京派、海派之爭那麼強烈。除了五四之前南北文化不同之外，五四新文化運動的領導人，像蔡元培、陳獨秀、胡適、魯迅、錢玄同、劉半農等，都與上海有著千絲萬縷的密切聯繫，他們的思想起步和文化實驗在上海時期都已經開始，這說明上海作為前置的五四新文化運動的社會實踐和文化實驗，的確是存在的，只不過不像北京時期那麼激烈和引人關注。所以，接下來我們要討論為什麼說上海是前置的五四新文化運動的預演。我想強調的是，以上海為中心的城市文化空間，從一八四三年開始，經過了半個多世紀的現代化建設，無論是硬體還是軟體建設，都已經達到相當規模，在文化上具備了向中國固有文化提出全面挑戰的基礎和能力。如果說，在北京的正統文化圈內，還維持著中國傳統文化的固有地位的話，上海的洋學堂、西文報刊、白話報紙、現代化的城市設施和管理系統，乃至租界中的種種西方現代版的典範效應，可以說在社會上已經形成了基本共識。不管人們喜歡不喜歡，願意不願意，置身於上海這一現代化城市空間，作為一種社會價值認同，包括文化、文學在內的新的形式和內容，事實上在北京的五四新文化運動興起之前，都已經確定下來。譬如聖約翰大學，其前身是一八七九年創辦的聖約翰書院，一九〇五年改為大學。南洋公學一八九六年建立，是盛宣懷創建的新式大學堂。這些現代化的大學教育，不僅為中國早期的思想啟蒙提供實驗基礎，也起到了社會示範效應。像後來北京大學所有的師生辦刊辦報等文化實驗，上海的大學中早已施行，只不過激烈程度不像五四時期那麼集中和尖銳。上海因為是一座新興的現代化商業城市，因此，文化與市場關係尤為密切，這種關係孕育出特殊的文化組織機構，就是書局報館。通過書局報館，協調知識精英與社會大眾之間的關係，這是滬上文化生產—流通的一種方式。而在這眾多的書局報館中，商務印書館獨占鰲頭。中國現代文化史上，一直把商務印書館當作文化機構來看待，而不是一般的印刷出版企業，其中的原因是商務印書館在建立中國新文化的公共空間上，有著特殊貢獻。從文學、文化的角度來講，中國近代最有影響力的嚴復翻譯著作和林紓翻譯小說，都是由商務印書館系統出版的，可以說這些出版物開了中國現代思想和文學的先河。組織架構上，與五四新文學關係最為密切的「文學研究會」，其核心人物鄭振鐸、茅盾都先後擔任商務印書館的編輯；而且在他們的努力下，商務印書館主辦的《小說月報》成為發表新文學家作品和評論最多的出版物，培養了一大批作家、評論家，引領了整個時代。與北京大學的校園精英文化活動相比較，商務印書館突破了知識精英的小圈子，是面向社會大眾的文化普及和文化傳播。無論規模和傳播力度，商務印書館是當時中國最大的文化出版企業，全國有三十多個分館，海外還有自己的分銷機構。通過自己龐大的文化發行網路，商務印書館將現代文化傳播到四面八方，形成聲勢浩大的現代文化的普及運動，尤其是它的教科書編撰、發行和教師培訓，形成了深厚的現代文化土壤。在這樣的文化聲勢面前，現代文化已不是變不變的問題，而是選擇什麼時候舉行一個正式的加冕典禮。北京的五四運動可以說是順應了這種變的文化潮流，給現代文化以合法性地位。因此，我們在把握五四新文化運動時，在注意北京，或者留美學生的思想活動的同時，還應該注意到上海的文化空間。除了關注北京大學和《新青年》等現代大學和文化刊物外，還應該關注以上海為基礎興起的新興出版業，尤其是商務印書館在整個新文化運動孕育和傳播過程中的重要作用。

楊揚，上海戲劇學院教授。

發現文字，想像歌聲

：五四學人對非漢族民歌及其歷史傳述之研究的當代意涵

胡曉真

新文化運動中曾領一時風騷的歌謠運動，乃是史上第一次中國學人出於學術信念而自發性以集體之力進行歌謠蒐集的工作。這個運動的文化意涵與影響已有許多論述，在洪長泰的《到民間去》一書中更有詳細的闡述。[1]我以為至今猶然令人饒感興味者，一是歌謠徵集必然碰到的語言問題，尤其是非漢民族歌謠，一是相應而來的文字問題。

學界對「漢字文化圈」的興趣近年達到高峰，中國、朝鮮、日本、越南之間透過漢文形成的「環流」現象，受到極大的關注。然而與此同時，我們更宜留意同一時期中國內部在語言——以及文字——上的多元性。也就是說，傳統說法認為因為中國有統一的文字，所以即使

1 Changtai Hong, *Going to the People: Chinese Intellectuals and Folk Literature, 1918–1937* (Cambridge, MA.: Harvard University Press, 1985), pp. 1-31.

幅員廣大，各地語音之間有巨大的差距，也不致造成溝通困難。這樣的說法當然有一定的合理性，不過並不能完全說明歷史上如何以漢字處理與語言相異的非漢民族溝通的問題。為了表達語言的多元，漢字（the Sinitic script）在歷史上曾出現各種造字上的衍異。石靜遠重探了晚清學者對語音多元的認識與新造文字的實驗，[2]而我亦以為，歷史上文字的多元現象值得關注。遠在晚清港埠城市接受西方影響之前，具有獨特文化眼光之士人便已實驗如何以文字表現地區與族群語言的多重性，並且，漢字衍異的過程其實展現了此文字系統的豐富與潛力，更重要的是，還往往訴說了漢與非漢民族間文化上互滲共感的情況。

「國語」、「文學」、「人民之音」與「方音」這幾個關鍵詞可說是歌謠運動與新文化運動密切交集與交鋒之處。除了徵集各地民歌，歌謠運動也熱衷於追溯古人對民間聲音與地方特色的興趣，視其為文化先驅。例如，馮夢龍編輯《山歌》，記錄了吳音，便是一個廣受重視的例子。又如，在歌謠運動鼎盛之際，顧頡剛（一八九三—一九八〇）發掘了一部題名《粵風》（這裡的「粵」指廣西）的歌謠集，並激賞署名此書編者的清代文人李調元（一七三四—一八〇三）具有真知灼見。書中收錄的民歌，或者是廣西的漢語方言，或者是當地非漢民族的語言。這部歌謠集在短期內便吸引了許多學者的注意，形成一股「粵風熱」，可說是歌謠運動的標誌性事件。歌謠運動促使五四一代學人跳出文字，重估中國文學傳統中的民間「聲音」，正因如此，現在學界也經常將歌謠運動與現代中國國家敘事的構建聯繫在一起。

《山歌》、《粵風》這樣的例子，說明遠在明清時期的卓見之士就已認知到民間聲音的價值，不僅如此，他們也敏銳地提點出白話表述中多元語音乃至語言的特質。五四一代學者更直接面對漢字不足以表達多元地方語音的問題，而所謂「方言」究竟是在「國語的文學」大旗下得以保存，還是具有豐富與更新國語的文學的能量，也成為討論議題。[3]

當然，這其中仍有差異。例如，《山歌》雖然記錄了許多吳語吳音，但不妨礙不通吳語的讀者大致掌握文意。相對的，《粵歌》以文字記錄廣西多民族的歌謠，情況就複雜許多，其中許多歌謠原以非漢語的苗、瑤、壯、侗語言歌唱，故其多元異質的特性確實對漢字的表達力造成極大的挑戰。這些歌謠既然不是漢語，還能稱為「方言文學」嗎？還能豐富「國語的文學」嗎？以漢字表達多民族多元聲音的限制與可能性在那裡呢？《粵風》提供了一個極佳的例子。究其實，《粵風》其實本於一批清初文人共同編輯的《粵風續九》這部歌謠集，只不過一開始顧頡剛等五四學者尚未得知其中詳情，才以為是清代的李調元個人蒐集所成。換言之，《粵風續九》代表了明代一個文人群體實驗以漢字傳述非漢族群語言的成果。

在晚清以前的歷史上，中國與外國的交流本來就帶來了漢字的衍異實驗。晚近成為學術熱

---

2 Jing Tsu, *Sound and Script in Chinese Diaspora* (Cambridge, MA.: Harvard University Press, 2010), pp. 32-33.

3 王中，《方言與二十世紀中國文學》（合肥：安徽教育出版社，二〇一五），頁五一—五二。

門話題的「華夷譯語」就是顯著的例子。明代由四夷館編纂的多種版本的《華夷譯語》提供漢文與外國語言的詞彙對照，以漢字為外語標音。清代的乾隆皇帝更將「苗疆」（指西南地區）的「書體」也納入收錄範圍，命皆以「漢文」注之，「以昭同文盛治」（《清實錄》三三四）。於此可見乾隆已注意到西南地區自有「書體」，亦即書寫系統。以漢字傳述非漢語的口頭文本，牽涉兩層工作，其一是假借漢字作為標音符號以表其音，其二是以漢字表其意。然而，在實際的操作中，假借漢字還不足以完整將非漢語的聲音表現為文字，於是漢字便應其需要被改變、簡化、重組，成為一種漢字的衍異形式，現今學界稱之為漢字系文字，其極致的表現就是西夏文、契丹文、金文、壯字、白文乃至越南的字喃等自足的書寫系統。這些書寫系統的創造，一方面說明華夏文明的影響，一方面表現該民族或國家的自我文化認知。換言之，每一種漢字系文字其實都是一個文化接觸的產物。相對於以「Sinitic script」翻譯「漢字」，漢字系文字或者可稱為「Sinoform」，這些書寫系統正說明了漢字的多元潛力。

回到非漢族群歌謠的問題，不難發現《粵風續九》記錄歌謠的方式與漢字系文字有關。《粵風續九》是由清初一群在廣西地區活動的文人所編，他們以吳淇（一六一六—一六七五）為首，蒐集當地不同族群的歌謠，包括粵歌（漢族的民歌）、瑤歌、獞歌（獞人即壯族）、狼歌[4]。後三種都必須表述非漢族群的語言，包括語音與句法。此書既然命名為「續九」，自然意圖以記錄邊緣地區的民間聲音，以承續楚辭以降的樂府清商，因此對五四學人及其後學來說，代表了清初某些文人學者的開放心態。吳淇等人以漢字記錄粵地歌謠，同時他們也部分依賴在當地蒐集到的歌本，於是，漢字系文字中的壯字就出現了。現在我們稱為壯字（Sawndip）的書寫系統據說在唐宋時期即開始使用，[5]原來稱為「土字」或「俗字」，在民間流傳，並無一定標準。據研究壯字的David Holm指出，僅有少數壯字是完全新創的，多數壯字是漢字的借用，用以表音或表意。[6]在《粵風續九》的「粵風」部分，其序言提到：

> 余抉其尤者若干首，正其差訛，土字易之，土音稍微釋之，而批評其指趣，目之曰粵風。[7]

可見編者在他搜羅到的手抄歌本中看到了少許土字、土音，而他為了方便讀者理解而做了

4 廣西的「狼人」為壯族一支，其先祖在明代弘治年間受徵召由貴州到廣西參加大藤峽戰役。

5 宋代莊綽的《雞肋篇》與范成大的《桂海虞衡志》都有相關記載。

6 David Holm, *Mapping the Old Zhuang Character Script: A Vernacular Writing System from Southern China* (Leiden: Brill, 2013), p. 2.

7 修和，〈粵風序〉，《粵風續九》，收入《四庫全書存目叢書補編》（濟南：齊魯書社，二〇〇〇），頁七九：三八三。

若干修改、注釋的工作，所謂「土字」即應是漢字的衍異。此一序言讓我們看到清初文人如何接受陌生的聲音（包括語詞與音樂）。「瑤歌」部分的土語佔三分之一，假借漢字表其音，而由於瑤族與漢族交流密切，瑤語早已融合漢語，所以只需少許注釋便不難理解。「狼歌」部分最為極端，其歌詞幾乎全部是土字、土語，假借漢字以標其音，且句法與漢語亦不同，所以編者指出，若不「譯而翻之」，根本不可解。解決的方法是提供極為詳盡的注釋，先將所有詞彙一一譯出，再大略解釋其意。

「獞歌」部分的土語土音所佔比例也很高。編者在序言中說明，他本人不通獞語，在得到歌本後，必須仰賴獞族的百歲老太太為他解釋翻譯才能理解，而他也深深為獞歌使用之土語土音的新鮮文學活力所吸引。或許因為如此，獞歌部分的注釋與翻譯是整部《粵風續九》中最詳盡的，評注者更不吝表現自己的文學體會。日本學者西脇隆夫就認為，《粵風續九》的獞歌與狼歌的唱本原來都是由漢字系文字的壯字所表述出來的，而編者可能將之盡量改為漢字以利漢人讀者接受。[8]我們可以發現，《粵風續九》的編者完全接受假借漢字標土音，但對那些以漢字元素重組出來的「土字」，則傾向易以標準的漢字。

無論如何，《粵風續九》的例子說明了漢與非漢文化之間的雙向影響——非漢族民間文化對漢字的接受，以及漢族文化對非漢聲音的接受。漢字系文字是文化交流的表現，而我們從《粵風續九》編輯群的藉由序言、評語、注釋所展開的論述，可見這些清初漢族文人確實努力聽見他者的聲音，進行共感的文化理解。

歌謠運動所發起的歌謠徵集與記錄工作，進一步引發了口頭聲音與文字記錄之間的緊張關係。回顧歷史，在邊緣地帶的漢族文人經驗了非漢族的民間聲音之後，他們不但以漢字記錄聲音，也面對如何接受或處理漢字系文字的問題。這其間民族、文化、制度與情感都發生吸納、徵收、包容、共處、互動等種種不同甚至矛盾的情形，這對當代中國而言仍有極高的參照價值。五四歌謠運動所開啟的論題，顯然尚未塵埃落定，還待我們攪亂一池春水。

胡曉真，中央研究院中國文哲研究所研究員兼所長。

8 西脇隆夫，〈粵風俍僮歌の使用文字について〉，《中國語學》二三〇期（一九八三），頁六三—七〇。

「新女性」的誕生

楊聯芬

將美國婦女作為「新女性」典範介紹給國人的，一個是胡彬夏，一個是胡適。胡彬夏為首批庚款留美生（一九〇九年與其兄同批考取，女生則只有她與宋慶齡等四位），胡適於第二年考取。二胡在美國時便有交誼，但其對於新女性的期許，不經意間似乎代表了兩個時代。

胡彬夏是中國最早一批新女性，其革命履歷，可上溯至清末留日期間發起組織「共愛會」，為《江蘇》撰稿，參與拒俄運動等。留美期間，她頂著包辦婚約的重壓，頑強追求志同道合的戀愛婚姻。對於什麼是新女性，她的〈二十世紀之新女子〉一文有清楚闡述。那篇文章刊於一九一六年《婦女雜誌》第一期，相當於其甫任主編的「主題演說」。文中列舉三位美國婦女，都受過良好教育，其中一位還是名牌大學畢業；三人無一例外都將照顧老幼、創造家庭幸福視為人生當然的責任，「烹飪也，裁縫也，治家教子也，應酬交際也，著書立說也，集會演講也，一人而數兼之矣。或服務於社會，或盡瘁於家庭，忽而英豪，忽而母親，忽而師友」。她們並非中國傳統觀念中的家庭婦女，而是有知識有社會責任感且有主體性的新式賢母良妻，符合胡彬夏一向的理念。她認為家庭是社會的基礎，社會的文明進步從每一個家庭的改良開始，「改良家庭即是整頓社會」。她本人既相夫教子，又積極投身社會事業；既是四個孩子的好母親，又是教育家和社會活動家，擔任過江蘇女子師範學校和北京女子師範學校校長等職。胡彬夏知行合一的新女性觀，在晚清民初新知識界與新教育界頗有一些同道，好友陳衡哲便是其中之一，她與胡彬夏一樣，融中西文化於一身，既是教授，又是賢母良妻。另一位是冰心，冰心五四時期創作的小說〈兩個家庭〉，表達的女性與家庭觀念與胡彬夏一致；她抗戰時期創作的《關於女人》系列小品，則表現新女性在家庭與社會責任之間的艱難處境。

不過，當五四新文化運動興起，在激烈反傳統聲浪中被啟蒙的新一代女學生，卻以個人主義之「新」，令胡彬夏、陳衡哲、冰心等「賢良」派很快被淹沒在歷史浪潮中。

一九一八年九月，剛剛留美歸來的胡適博士，在應邀為北京女子師範學校學生演講〈美國的婦人〉時，特意介紹了新名詞 The New Women：「『新婦女』是一個新名詞，所指是一種新派的婦女，言論非常激烈，行為往往趨於極端，不信宗教，不依禮法，卻又思想極高，道德極高。」胡適也介紹了三位美國婦女，一位已婚，卻與丈夫相對獨立，平時各自工作和求學，每月會見一次，「他們每日寫一封信，雖不相見，卻真和朝夕相見一樣」。另外兩位分別是記者和藝術家，都是獨身。其中一位，他這樣介紹：

> 一個有名的大學教授的女兒，學問很好，到了二十幾歲上，忽然把頭髮都剪短了，把從前許多的華麗衣裙都不要了。從此以後，他只穿極樸素的衣裳，披著一頭短髮，離了家鄉，去到紐約專學美術。他的母親是很守舊的，勸了他幾年，終勸不回頭。他拋棄了世家的家庭清福，專心研究一種新畫法，又不肯多用家中的錢，所以每日自己備餐，自己掃地。

這位新女性，一望而知是後來與他保持終身友誼的紅顏知己韋蓮司。胡適在結識韋蓮司之前，女性觀與性道德觀都偏於保守，認為中國包辦婚姻比西方的自由結婚更尊重女性，因一切由父母包辦，女子不必周旋於社交場中「僕僕焉自求其偶」，更不會因容顏形象不佳不能取悅於人而嫁不出去。一九一四年下半年胡適結識韋蓮司並逐漸成為密友後，這位「極能思想，讀書甚多，高潔幾近狂狷」的美國新女性，給予他一種從未有過的經驗和啟發，導致其觀點劇變，「始知女子教育之最上目的乃在造成一種能自由能獨立的女子」。

胡適指出美國女性獨立精神的養成，全靠從小學至大學的「男女共同教育」制度。但在中國，儘管自一九〇七年始西方化的公共教育已納入國家體制，但胡適做上述演講時，男女同校還僅在小學試行，女子高等教育則剛剛發微，「男外女內」仍被視為天經地義的社會分工，「賢母良妻主義」作為晚清以來官辦女子教育的明確宗旨，仍然是大部分女校的辦學依據。有思想能自立的「新女性」群體，看來只是一種願景。然而，誰也沒有想到，僅僅兩年之後，伴隨五四運動的爆發，大學男女同校、男女社交公開便以始料未及的迅猛勢頭在全國推行，胡適所期待的言論激烈、不依禮法、崇尚新思想新道德的新女性群體，在校園中誕生了。新文化的個人主義觀念，使她們「不甘於做男子的工具，不甘於做家庭的傀儡，不甘於做賢母良妻」；剪髮，公開社交，自由戀愛，成為五四新女性的典型做派。茅盾、巴金小說曾有成都女子剪髮的事件；廬隱小說描寫過五四之後北京女校學生的自由散漫及社交和戀愛；馮沅君小說則揭示，當自由成為信仰時，新女性竟不惜以生命代價去捍衛戀愛的權利。一九二三年，「羅素夫人」勃拉克在日本稱讚中國的婦女解放，認為中國新女性的進步和開放程度，已超過歐美、直逼蘇俄。

五四「新女性」，包含從人格、經濟到婚姻的獨立與自由，承載了創造中國新道德的使命。這一方面使新女性被賦予崇高地位，成為婦女自由和解放的象徵；另一方面，新女性們不但因反傳統的「時髦」而需承擔世俗的敵意與褻瀆，而且其擺脫不了的「女性意識」，又往往成為新文化陣營男性指摘其「落後」的根據。電影《新女性》中女主人公及其扮演者的悲劇命運，從一個側面反映了二三十年代中國新女性面臨的困境。阮玲玉自殺後，媒體批評中有一種比較有力的聲音，認為阮之死充分證明了時代局限，說明新女性的突圍，在於參與革命並創造一個美麗新世界。然而，當後來一些踏上「延安道路」的新女性不得不重新面臨「女結婚員」

的命運，成為「回家的娜拉」時，某種程度上，女性革命與解放的神話，也便遭到致命的質疑。

楊聯芬，中國人民大學文學院教授。

五四與女學生

濱田麻矢（HAMADA Maya）

日本文藝評論家柄谷行人說：「日本的近代文學是在受到『女學生的衝擊』後才開始的。無論是二葉亭四迷，還是山田美妙，明治時代的文人驚異地發現了這些『具備知性的異性』，他們感受到的震撼與困惑引發了近代文學的胎動。」因為在傳統社會中「女子無才便是德」，沒有人期望女孩子具備知性，所以一些文人非常好奇並且想剖析自己眼前的「新」女孩會有怎樣的自我主張。她們的髮型、衣服、妝飾都與舊時代的女人大不一樣，各個方面的表現都很引人注目，於是「女學生」就成為了明治文學中一個不可或缺的形象。

「女學生」在五四時期的中國也是新奇罕見的存在。首先我們看看她們是怎樣定位自己的。

廬隱在其成名作〈海濱故人〉中這樣介紹女學校中的主角們：

> 她們樣樣不同的朋友，而能比一切同學親熱，就在她們都是很有抱負的人，和那醉生夢

死的不同。所以她們就在一切同學的中間，築起高壘來隔絕了。

作家認為自己（與好友）「很有抱負」，強調她們不同於「醉生夢死」、嬉笑打鬧的「普通」女學生。不僅僅是廬隱，其他的幾個女作家——馮沅君、林徽因、丁玲等，她們都將自己刻畫成孤傲、憂鬱、要強，並且沒有歸屬感的敏感女孩。或許她們的自傲可以說，是源自於其自我認同中的「與眾不同」的意識。那麼，五四文人又是怎樣看待並描寫她們的呢？

葉聖陶在《倪煥之》中，有如下一段描寫主人公倪煥之分析自己為何喜歡上同事妹妹金佩璋的情節：

在女師範裡，她（金佩璋）是一個幾乎可稱模範的學生。她不像城市裡一些紳富人家的女兒，零食的罐頭塞滿在抽斗裡，枕頭邊時常留著水果的皮和核，散課下來就捧住一面鏡子。她也不像許多同學一樣，兩個兩個締結朋友以上的交情，因而戀念，溫存，嫉妒，反目，構成種種故事。

對新時代青年倪煥之來說，未來的伴侶必須是有知識、有教養、具備新思想的女學生。有意思的是，在追求新女性的同時，他已無法隱藏自己對「許多女同學」的輕蔑、反感以及警戒。到了三〇年代，沈從文一邊絕望地追求女學生張兆和，一邊卻在小說《蕭蕭》中嘲笑城市的女學生：

女學生這東西，在本鄉的確永遠是奇聞……她們穿衣服不管天氣冷熱，吃東西不問飢飽……她們在學校，男女在一處上課讀書，人熟了，就隨意同那男子睡覺，也不要媒人，也不要財禮，名叫「自由」。

我們可以看出年輕女作家的自畫像大概是憂鬱、孤高、痛苦的，但是在男作家筆下這些作為客體的女學生像卻幾乎都是自戀、傲慢、膚淺的。對於中國現代文學來說，女學生的出現所帶來的衝擊無疑是毫不亞於它在日本近代文學中的影響的。但我們應當如何去看待男女作家面對女學生時所抱持的不同態度間的差異性呢？歸根結底，女學生真的是那麼特別的存在嗎？

也許我們可以從這個角度重新評價另外一個女作家，謝冰心。眾所周知，冰心的第一篇小說是一九一九年九月連載於《晨報》的〈兩個家庭〉，而「冰心女士」這一筆名的使用也由此開始。在此之前，作者謝冰心已在《晨報》發表了兩篇散文，署名均為「女學生謝婉瑩」。相比其他「五四女性作家」，冰心對五四衝擊的反應可以說是非常迅速的，而這一點也體現在她的創作特徵上。例如在〈「破壞與建設時代」的女學生〉中，女學生謝婉瑩呼籲正在學校讀書的女學生們需萬事留意，以改變社會上的女學生恐懼症，讓之後的女孩子們可以放心地進入學校。比如服飾不要過於妖冶招搖，言論應該符合身分而不要「好高騖遠」、「不適國情」，要選擇適合女性的話題，社交要盡量迴避劇場這種「容易招致誤會」的場所，而應選擇音樂會、演講會等場所。像這樣由現役女學生來呼籲、激勵大家去「做一個為人們喜愛的女學生」，實在是一件意味深長的事情。「女學生謝婉瑩」的署名，顯然是在強調投稿者天真無邪的性格及其當事者的身分。後來廬隱也同樣創作了以女子學校為舞台的小說，但在〈海濱故人〉裡卻一點都看不到這種姿態。這種「受人喜愛的現役女學生作家」的姿態的確使得冰心倍受矚目，但同時這種「天真」是不是也自然而然地一直限制了（甚至年老以後的）她的創作風格呢？

〈兩個家庭〉中刻畫的女主角可謂女學生的模範典型，在這篇作品之後，謝婉瑩變成了敘事者冰心，但她依然是一個「從事創作的女學生」。她在最早講述自身創作的文章〈我做小說，何曾悲觀呢？〉中開篇便寫道「下午四點鐘，放了學回家」。收到批評自己小說的信後，冰心把這封信給父母看，並傾聽他們的意見。這位女學生作家寫道，「我做小說的目的，是要想感化社會」。在這裡，與其說冰心是在表明自己要寫的是「問題小說」，不如說是希望讀者去關注「放學回家的女兒在與父母對話的過程中省察自己的創作」這一場面。

在《晨報》上，她用冰心以外的署名（悲君）創作的小說只有一九二〇年九月十二日發表的〈是誰斷送了你〉（《燕大季刊》上她一直用本名「謝婉瑩」）。有意思的是，這篇短篇小說的主題是冰心甚少涉及的自由戀愛問題。從散文〈「破壞與建設時代」的女學生〉的論調來看，冰心可能故意迴避了「戀愛」這個棘手的話題，〈是誰斷送了你〉也是一篇與其說是主張戀愛自由，不如說是更強調自由交際的危險性的作品。比起「感化社會」這一主旨，女學生作家謝冰心更在意的或許是自己「被家族疼愛、守護的天真女學生作家」的形象。

然而，也可能正因如此，她才從同輩中脫穎而出，成為屈指可數的清純而不失英氣、聰明而不流於圓滑的女作家中的一個典型。女學生，沒有教養不行，太聰明也不好，太摩登討人厭，太保守也不理想。冰心與她描寫的女主角，一直走在了一條「讓人喜愛的新女子」的羊腸小道上。冰心的創作在某種意義上來說，反映了文壇對女作家的一種期望，雖然這條路同時也限制了她們更多的可能性。

（該文部分參見濱田麻矢，〈作為「女學生作家」的「冰心女士」〉，冰心文學館《愛心》六三期（二〇一七年六月），頁五四——五五）

濱田麻矢（HAMADA Maya），神戶大學大學院人文學研究科教授。

發現青少年，想像新國家

梅家玲

中華文明素有「重老輕少」的傾向——「少年老成」、「老成持重」每每意味著讚許；「少不更事」、「少年輕狂」則難掩貶抑；「敬老尊賢」、「長幼有序」，更是千百年教化倫常中的基本共識。也因此，儘管頌美「青春」的文學書寫所在多有，作為體現青春特質的人物主體——青少年，卻從不曾成為傳統文學中的重要角色。無論是詩詞歌賦，戲曲小說，古典文學投射的往往是父權式政教結構下的期待視野：重視文行忠信，修齊治平；強調禮教倫常，學優則仕；所形塑出的少年人物，因此多是一個個規行矩步、少年老成的「小大人」。彷彿，孩子們甫自脫離懵懂蒙昧的童騃時期，便須一步登天，躍入知禮守分的成人世界。而他們存在的主要意義，則不外乎是要賡續家國命脈，作為既有體制及歷史文化的傳承者。

然而，從二十世紀開始，這一現象卻發生了明顯變化。緣於世變，晚清以降的知識分子屢興「救國」、「新民」之思，並藉由「欲新一國之民，不可不新一國之小說」等理念，在小說中寄寓其家國憂思；所期待的，不外乎是一個能除舊布新、日益茁壯的「新中國」——而無論是文學想像抑是社會實踐，這個建構「新」中國的重責大任，正要由未受舊社會惡習污染，充滿青春理想的青少年來膺負。

一九〇〇年，流亡海外的梁啟超在《清議報》上公開發表〈少年中國說〉一文，從多方面辨析「老大帝國」與「少年中國」的關係，更藉由多種鮮明的意象對比，熱情洋溢地標舉出其間的絕大差異，如：「老年人如夕照，少年人如朝陽；老年人如瘠牛，少年人如乳虎」，「老年人如死海之潴為澤，少年人如長江之初發源」，正是以「人之老少」喻擬「國之老少」，高度肯定「少年」的進取前瞻意義。而「美哉我少年中國，與天不老，壯哉我少年中國，與國無疆」的讚辭，亦正是時人的共同憧憬。兩年後，鼓吹小說界革命的《新小說》創刊於橫濱；創刊號中，梁除倡言〈論小說與群治之關係〉之理論外，另有自己創作的政治小說〈新中國未來記〉同時刊出。前此不久，《新民叢報》更早已刊載過梁親自譯述的法國小說《十五小豪傑》。而這些，其實都可視為先前「少年中國」論的不同表述方式。

此一論述的最大意義，在於它藉由「少年中國」與「老大帝國」的對比，重新「發現」了「少年」；不僅視之為挑戰傳統，頡抗老大的新興力量，並且將其與「中國」的國族想像相互勾連。

另一方面，從歷史進程看來，「少年」話語大盛於晚清，但「青年」一詞的使用，已不乏見；五四前後，與傳統文化猶有牽繫的「少年」一詞漸漸功成身退，取而代之的，乃是新興的

「青年」一詞，它並且順理成章地成為「青春」喻託的載體，以及「國家」的希望所繫。當時創刊的不少重要刊物，都由此著眼。如一九一五年九月，《青年雜誌》創刊，陳獨秀撰寫發刊詞〈敬告青年〉，開篇以「初春」、「朝日」等譬喻，彰顯「青年」的新鮮活潑，希望無窮，既承續了「少年中國」的新興氣象，也具象化了「青春」的人物實體。之後李大釗發表〈青春〉，倡言「吾族今後之能否立足於世界，不在白首中國之苟延殘喘，而在青春中國之投胎復活」、「以青春之我，創建青春之家庭，青春之國家，青春之民族，青春之人類，青春之地球，青春之宇宙，資以樂其無涯之生」；為《晨鐘報》撰寫發刊詞〈青春中華之創造〉，復提出「蓋青年者，國家之魂」，當努力為國家自重，並應「以青春中華之創造為唯一之使命」，亦無不以「青春」與「國家」相提並論，而「青年」，正是貫串於其間的能動主體。其後王光祈等人創立「少年中國學會」，該會總會成立不久，南京、上海、成都、巴黎等地皆如響斯應，紛紛成立分會，並先後發行《少年中國》、《少年世界》、《少年社會》等期刊，讀者遍及全國，流風廣被，盛極一時。儘管會員們頻頻以「少年中國之少年」自許，但放言抒論時，「青年」已是自我指稱時的習見用語了。

而此一「發現青少年，想像新國家」的論述模式，同樣隨著當時台灣赴京求學的青年知識分子帶往台灣。一九二二年，一批來自台灣的北大青年學生，在北京組織了一個名為「台灣青年會」的社團，並將蔡元培、胡適之、梁啟超等人均列為「名譽會員」。該社團於一九二六年在張我軍、吳敦禮、陳清棟等人倡議下重組，同年發行《少年台灣》月刊，以為會報。〈創刊號〉中，張我軍即曾以不同筆名，分別撰寫〈少年台灣之使命〉、〈少年春秋〉等文章，力倡台灣新文學與新文化。在此，「中國」縱使易位為「台灣」，「少年」卻依然與「台灣」並置且負有重大「使命」。姑不論「中國─台灣」文學間是否有必然的傳承關係，但視「（青）少年」為家鄉國族的託喻，對「少年」寄予改造社會的厚望，二者實是如出一轍。

然而，正因為人人「心中自有一少年中國在」，不同個人的理念懷抱，遂將此一憧憬，投射為不同的國族想像。五四時期的「少年中國學會」成立後不久，成員間即因是否應信仰某種「主義」而屢有爭辯；在活動路線上，先有政治活動與社會活動之爭，後來又轉變為國家主義與共產主義之爭，終至分裂瓦解，無以為繼。爾後，會中信奉社會主義的李大釗、惲代英、黃日葵等成為共產黨中堅，毛澤東更是領袖一黨，主政中華人民共和國數十年。堅持國家主義的曾琦、李璜、陳啟天、左舜生則另創中國青年黨，堅決反共。台灣方面，解嚴之後另有國族認同之爭，至今方興未艾。其間的遷變糾葛，體現於文學想像者不勝凡舉。青少年之人物主體與家國想像的相互建構，因此一直是五四以來文學發展的重要主軸。儘管如此，五四迄今已屆百年，上個世紀的青少年們早已凋零故去，新世紀的青少年們，是否仍將是新國家的希望所繫？他們將會為「想像新國家」開啟怎樣的風景？其間曲折，值得繼續關注。

梅家玲，國立臺灣大學中國文學系教授兼系主任。

五四青年的「自殺之道」

張歷君

在《餓鄉紀程》的首三章裡，瞿秋白敘述自己赴俄以前向親友一一道別的過程，彷彿他這次一去，便要斷絕塵緣，不再回來。他說：「我這次『去國』的意義，差不多同『出世』一樣，一切瑣瑣屑屑『世間』的事，都得作一小結束，得略略從頭至尾整理一番。」又說：「我現在是萬緣俱寂，一心另有歸向。一揮手，決然就走。」在第三章中，瞿秋白談及了他堂兄瞿純白竭力反對他赴俄，認為他是「自趨絕地」。對他堂兄的勸阻，瞿秋白的想法竟是「我卻不是為生乃是為死而走」。他認為自己在北京住的四年，雖然都是在兄嫂的庇蔭中渡過，但他自己「被『新時代的自由神』移易了心性，不能純然坐在『舊』的監獄裡」，因此無論堂兄如何勸阻，他自有自己的想法，不肯屈從。

瞿秋白這裡所說的「新時代的自由神」究竟是怎麼一回事？竟有這麼大的力量使他立下自趨絕地的決心？有關「自由神」，瞿秋白曾在〈自殺〉一文中下了一個簡單的定義：「自由神就是自殺神。」要清楚了解瞿秋白這句話的意思，我們得先了解瞿氏寫作〈自殺〉一文的背景。事情是這樣的，北京大學法律系一位三年級學生林德揚，「五四」時正患病療養，但他卻抱病投入五四運動。林氏後來創辦了北京第一國貨店，常廢寢食，致勞病篤，且以傷時，遂於一九一九年十一月十六日晨，到北京萬牲園投溪自殺。他是北京大學生中第一個自殺者。這次事件在當時北京知識份子中間引起了頗大回響：李大釗在一九一九年十一月和十二月分別寫了〈一個自殺的青年〉和〈青年厭世自殺問題〉兩篇文章；蔡元培在一九一九年十二月十四日發表了〈在林德揚追悼會上的演說辭〉；陳獨秀則在一九二〇年初發表了〈自殺論——思想變動與青年自殺〉。鄭振鐸更在《新社會》第五期組織了一個「自殺」專號，專門回應這次事件。瞿秋白便在這一期《新社會》上發表了〈自殺〉和〈唉！還不如……〉兩篇散文詩，借此回應這個專題。鄭振鐸本來也想在專號上發表瞿氏的分析文章〈林德揚君為什麼要自殺呢？〉，但因篇幅所限，無法輯入。所以，瞿氏這篇文章便只好改在《晨報》發表。

在〈林德揚君為什麼要自殺呢？〉一文中，瞿秋白提出了他有關青年厭世自殺問題的診斷。他認為，五四運動是重估中國國民性的時刻，在這個時期，很多青年竭力往前奮鬥，發現了社會的種種惡象，並受到不少挫折。在這個過程中，青年們因發現了社會的腐敗而感到痛苦，並在無法承受的情況下選擇自殺一途。因此，瞿氏認為，這種痛苦和自殺的念頭實際上是覺悟的表現。覺悟到自己被舊社會的宗教、制度、習慣、風俗等枷鎖束縛著，身處於「精神上身體上的牢獄」裡，遂生無法忍受的感覺，「沒有辦法，只有撞殺在牢獄裡。」

然而瞿氏卻認為，這種因覺悟到社會的罪惡而心生自殺念頭的想法，最終亦不算真正的覺悟。他認為，我們若真的覺悟，便會在奮鬥的困難中發現樂趣。而自殺者則沒有覺著困難中的樂趣。因此，他總結道：「困難越多樂趣越多，我們預備著受痛苦，歷困難，痛苦就是快樂，快樂就在困難中；我們不預備受痛苦，歷困難，痛苦也就越大，困難也就越多。所以預備以自殺為奮鬥的結局的始終是以奮鬥為苦，於改造事業上無形中有影響的。」

除了這種在困難和痛苦中尋找樂趣的想法外，瞿秋白在文章裡還進一步討論了向舊社會宣戰的青年的「自殺之道」。他指出，青年既然向萬惡的舊社會宣戰，他們所做的每件事都是犯眾怒的，都是「世人皆欲殺」的。他認為，這雖然不是自殺，卻是「自殺之道」。等到青年在抗爭中奮鬥至精疲力盡之時，社會裡還沒有人來殺他們，他們又為何多此一舉呢？瞿氏在〈自殺〉這篇小雜感中便以抒情的手法來發揮這裡所說的「自殺之道」：

自殺！自殺！趕快自殺！〔……〕你不能不自殺，你應該自殺，你應該天天自殺，時時刻刻自殺。你要在舊宗教，舊制度，舊思想的舊社會裡殺出一條血路，在這暮氣沉沉的舊世界裡放出萬丈光焰，你這一念「自殺」，只是一線曙光，還待你漸漸的，好好的去發揚他〔……〕自由神就是自殺神。

值得注意的是，瞿秋白有關「自殺」的討論，其觀點不但跟李大釗同時期相關文章的觀點相類似，甚至在字句用語上也有相類的地方。首先，「自由神」一詞其實來自李大釗的著名論文〈民彝與政治〉（一九一六）。李氏在文末討論革命與懺悔之間的關係時，便曾提到「革命健兒」血灑「自由神」前的意象。：

托爾斯泰詮革命之義曰：「革命者，人類共同之思想感情遇真正覺醒之時機，而一念與起欲去舊惡就新善之心覺變化，發現於外部之謂也。除悔改一語外，無能表革命意義之語也。」今者南中倡義，鐵血橫飛，天發殺機，人懷痛憤，此真人心世道國命民生之一大轉機也。一念之悔，萬劫都銷，此則記者齋戒沐浴，願光奉其懺悔之心，以貢於同胞之前。而求以心印心，同去舊惡，同就新善，庶不負革命健兒莊嚴神聖之血，灑於自由神前，為吾儕洗心自懺之用矣。

另外，對應於我們之前引述的瞿秋白〈自殺〉一文中的段落，我們可以在李大釗的〈青年厭世自殺問題〉找到相關說法：

由此說來，青年自殺的流行，是青年覺醒的第一步，是迷亂社會頹廢時代裡的曙光一閃。我們應該認定這一道曙光的影子，努力向前衝出這個關頭，再進一步，接近我們的新生命。〔……〕我不願青年為舊生活的逃避者，而願青年為舊生活的反抗者！不願青年為新生活的絕滅者，而願青年為新生活的創造者！

當我們讀到「曙光的影子」這個意象時，大概也會記起《餓鄉紀程》緒言中那個由陽光所帶來的「陰影」罷。正是受了這「陰影」的召喚，瞿秋白才會決定捨棄「黑甜鄉」裡的美食甘寢，到「罰瘋子住的」餓鄉（蘇俄），尋找光明的真理。

張歷君，香港中文大學文化及宗教研究系助理教授。

隱形的賽先生

——以「性事實」的歷史為例[1]

雷祥麟

這一次為科學作戰的人——除了吳稚暉先生——都有一個共同的錯誤，就是不曾具體地說明科學的人生觀是什麼。

——胡適，〈科學與人生觀序〉（一九二三）

一定是出於敝帚自珍的心理，收到《五四@一〇〇》的撰稿邀請時，我立刻注意到與科學有關的條目真的不多。想到新文化運動將賽先生提升到史無前例的高度，人們高唱著「科學萬能」，甚至要建立「科學的人生觀」，而百年之後卻只留下反傳統、反宗教、反玄學、反迷信等「科學主義」的印象，無法不感到兩者間強烈的反差。很有趣的是，當年提倡科學的人常說

1 感謝祝平一與李貞德提供的寶貴建議。

「科學精神」與「科學方法」，卻極少使用「科學主義」（Scientism）[2]這個詞彙，即便五四的歷史性影響就是開啟了「主義的時代」。王汎森曾極具洞察力地指出「由五四前後到一九二〇年代的一種『主義化』的現象」，各式各樣的學理與主張都自稱為某種主義，傅斯年甚至曾宣稱「只要有主義，就比沒主義好」。在這樣的時代氛圍中，科學提倡者卻獨樹一幟地不自稱主張「科學主義」，就顯得格外耐人尋味了。在這篇短文中，我想提出一組假想與建議，就是五四以降科學發揮影響力的方式，並不只是透過主義或是意識形態的模式，為了捕捉賽先生隱而不彰的影響，我們需要研究「事實」的歷史。

請容我以「性事實」為例來說明這個假想。

才在不久之前，翻譯也被視為一個與「主義」不直接相關的技術性活動。感謝由劉禾（Lydia Liu）開創的翻譯研究，我們現在知道有許多深刻的文化鉅變是由翻譯造成的，最明顯的例子就是「她」字的發明。中文本來沒有代表女性的「她」，「她」是在翻譯she的過程中創造的新字，最知名的就是劉半農在一九二〇年發表的〈「她」字問題〉這篇文章。很明顯地，將「她」引入中文並不只是引入一個新字而已，而可以是引入一個本質化的區別。如果被嚴格地遵守的話，至少在書寫時，中國人必須時時刻刻在二元邏輯裡做選擇，是「他」還是「她」，一定要選一個，不能不選，而且只有這兩個選擇，不再有任何模稜兩可的空間。透過將人稱代名詞一分為二，二元對立而又本質化的性別邏輯變成中文書寫裡的基本原則。

在引入「他」與「她」的區分之前，中國人當然知道男女有別，而且就像劉半農所說的，古文文字脈絡中自然會使讀者理解「他」是男還是女。但是沒有以代名詞將人區分為「他」與「她」兩類，仍然暗示著一個與今日很不同的性別空間。至少在此之前，若有人唱著「叫我如何不想他」時，我們的確不知道被想著的他是男、是女或是其他。

一個平行地轉向二元性別邏輯的過程，就呈現在下面的這兩張圖中。圖一叫做三焦圖，出於一八九〇年左右出版的《醫經精義》一書，作者是有中西醫匯通派創始人之稱的唐宗海。唐有一個對中醫界影響深遠的說法，就是「西醫長於形跡，中醫長於氣化」，但是我卻發現他的氣化說是源自蒸汽機，他借用水蒸氣的概念重新闡釋《黃帝內經》的「醫經精義」，由此可見他對西方科技多麼有興趣。在書中，他宣稱自己解決了中醫界關於三焦是否有形質的長期辯論，所以特別畫出這個三焦圖，但其實這個圖是來自*Gray's Anatomy*的首部中文翻譯《全體闡微》（一八八一），圖二就是*Gray's Anatomy*的原圖。

到目前為止，一切都沒有問題，惟一的問題是，在*Gray's Anatomy*中，這是一個女性的身

2 自從郭穎頤（D. W. Y. Kwok）於一九六五年出版《中國現代思想中的科學主義》（*Scientism in Chinese Thought 1900-1950*）一書以來，學界常以「科學主義」來總結五四賽先生，但由於當年提倡科學的人極少自稱主張科學主義，兩者間存在著一種很值得深究的緊張關係。

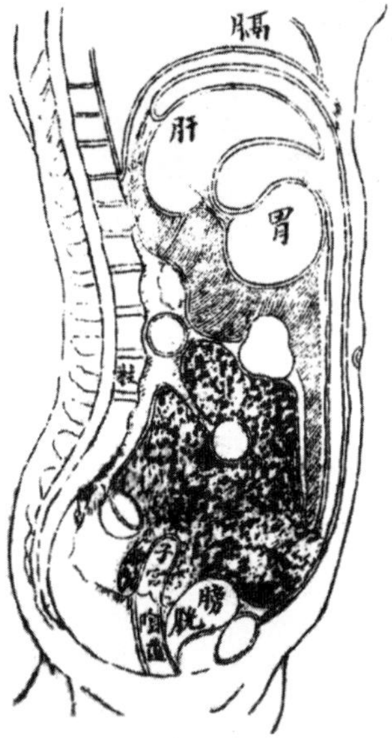

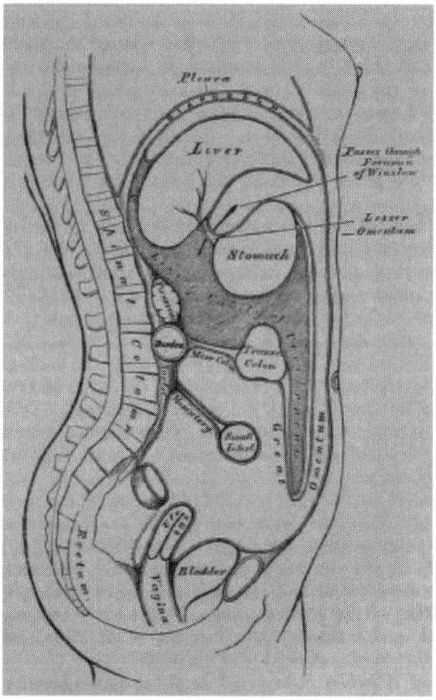

圖1：「三焦圖」，《醫經精義》卷1（1908），頁24。

圖2：“The Reflections of the Peritoneum,” *Gray's Anatomy* (1858), p. 599.

體，圖一中也標明「子宮」與「陰道」，但唐宗海卻用這個圖來說明「他」與「她」不分的同一個身體，彷彿不知道男人身上沒有這兩個組織。

唐宗海對待西方解剖圖的態度極為認真。他因而承認中醫有一個可笑的謬誤，就是不知道輸尿管的存在，所以搞不清楚尿液是如何進入膀胱，也因此不知道腎臟與排尿有關。他清楚地注意到西方解剖圖中只有女性才有子宮。但是在這一點上，他卻極有信心地說「西醫剖割精矣」，但「只知女子有胞宮（即子宮），而不知男子亦有胞宮」，甚至表示男子的胞宮「又名氣海，氣入臍下即脹，是其驗也」，非常確信沒有畫出男人的胞宮是西方解剖學的疏漏。這個立場反映了當時中醫的基本走向：就如吳一立（Yi-Li Wu）所指出的，原本中醫知道子宮是女性獨有的器官，但自從十七世紀後中醫「將女性的子宮納入一個普遍性的人類生殖模型（universalistic model of human reproduction）中」，於是主張「男人與女人都有子宮，只不過女人的子宮中會生出嬰兒」。

熱愛科學的唐宗海終究沒有接受男人沒有子宮，因為走出那一步便違反了將男女對稱看待的生殖與氣化模型。那麼，相較於中文裡引入「她」，是什麼時候中國人才開始接受男人沒有子宮這個事實？更進一步地追問，什麼時候中國人才開始接受男女分屬兩「性」（sex），而且「性」的不同是建立在解剖學上「生殖器」的差異？（「性」與「生殖器」都是源自日本的新名詞）此後一看到圖一中有子宮這個生殖器官，就可以斷定這絕不是男性。要呈現「男性」與「女性」絕對需要用兩張圖，只用一張圖沒法子說明「性」，就像文字中需要「她」與「他」。

感謝姜學豪（Howard Chiang）、樂懷璧（Leon Rocha）、李貞德（Jender Lee）與唐權等學者的研究，我們已經可以回答這些歷史問題，並開始探索性知識曾如何深遠地轉化了中國人對於性別差異的理解。回到本文希望彰顯賽先生歷史影響力的原始關懷，這個例子說明了一點：在造成重大文化變遷的過程中，賽先生常不會敲鑼打鼓地自稱是一種主義，大多數的時候，賽先生所採取的角色，正是胡適在〈科學與人生觀序〉中所主張的「科學知識」與「已知事實」。

在多達二十五萬字的「科學與人生觀」大辯論之後，胡適指出除了吳稚暉之外，所有的參與者「都有一個共同的錯誤，就是不曾具體地說明科學的人生觀是什麼，卻去抽象地力爭科學可以決定人生觀的問題」。為了說明「人生觀因知識經驗而變換」的主張，胡適具體地列出十條基於「科學知識」與「已知事實」而建立的「科學的人生觀」。由於這些知識條目基本上源於J. R. Thomson的《科學大綱》（*Outline of Science*）（一九二二），這十條並沒有包含性知識。但是一對對並列的生殖器官圖卻正開始出現在無數新近出版的中小學教科書中，具象地定義了「男性」與「女性」。由今日的角度看來，透過生物解剖來定義「性」（sex），只是一個階段性的現象，之後還不斷引入新事實，如性荷爾蒙。而且無論是相較於之後的「性別」（gender）概念或是之前唐宗海不分男女的單一身體圖，透過解剖學將性別差異定義為生物學的「性」，無疑地曾發揮過巨大的意識形態功能。相較於在中文裡引入「她」這個字，這些性知識對於人生觀的影響只怕更是深遠而難以察覺。

適之先生是對的。要改變賽先生隱形的現況，要描繪出百年來科學對中國思想文化造成的深遠影響，不能只研究人們明顯地訴諸科學權威的論述，（研究這些重要的論述時，也需要超越科學主義的架構），而必須要研究具體的「自然知識」與「已知事實」的歷史。反過來說，科學史學者也絕不可自限於追蹤這些現代知識擴散傳播、乃至全球循環（global circulation）的過程，而必須將它們置放回更為廣大而又常出人意料的中國脈絡中，如此才能考掘出它們對於政治、文化、道德、與社會關係巨大而又隱形的影響。通過將科學知識史與社會文化史結合為一，我們將可以理解百年來賽先生曾如何以數以千計的「事實」來改變中國，而中國又如何轉化了賽先生。

雷祥麟，中央研究院近代史研究所副研究員。

文化，思想，歷史——

五四@100

MAY FOURTH @ 100

白話文

李奭學

中國文學傳統一向以詩為主，文為輔。五四運動以前，胡適和陳獨秀提倡白話文，所成就的第一本書就是胡適的詩集《嘗試集》。胡適雖稱「嘗試」二字取典自陸放翁的詩，不過所述也可能是障眼法，有學者認為靈感或許為十六世紀法國散文名家蒙田的《試筆》（*Essais*），而這也就是說，《嘗試集》的書名，可能因翻譯而形成。我們今天慣見的諸如書籍般長短的說理或議論性白話文，其實也和「嘗試」一樣，應該都和翻譯有關，絕大多數都是程度不一的歐化體中文。

五四期間，胡適倡導白話文有功，不過僅就明清以來議論性白話文而言，他時而過甚其辭。首先，胡適絕非白話議論的首倡先驅；這個功勞，反而得送給晚明來華的歐籍耶穌會士。他們向來為人誤解，以為都用文言文布道，我們疏於察覺的是，他們也常見以白話向下傳道。後面一點，可考文獻之犖犖大者，多數即為翻譯，例如譯於明末的《誦唸珠規程》等，而其集大成者應為乾嘉年間賀清泰所譯注長達一百四十萬言的《古新聖經》。這部《聖經》乃《通俗拉丁文本聖經》中譯諸例之一，賀清泰迻以北京中下階層的俚俗之語。雖然終其一生，賀清泰僅譯得三分之二強，但稱他為現代白話文的先驅，應不為過。

《古新聖經》在賀清泰生前未曾刊刻，但是對遲到數年的基督教《聖經》譯者仍有影響。馬禮遜在一八〇七年抵達中國，翻譯《神天聖書》時，應該參考過《古新聖經》中的《四福音書》。《聖經》中譯，總以文體或風格為先。馬禮遜偕助手米憐尋覓數載，最後決定取法以淺顯文言撰成的《三國演義》。求得此一結論之前，馬禮遜及米憐也有以白話譯經的打算，方便市井小民了解。在清末，馬禮遜和米憐看到的是雍正頒發的《聖諭廣訓》的「白話衍本」。這類文本當時風行，公共場合無不可見，收效遠勝於直接從儒籍所出的文言體，也比《三國演義》的折衷體更易理解。《聖諭廣訓衍》一類白話著作的能力甚至超越通俗說部，清政府早就看得真切，得藉之向黎民百姓傳達政令。

《聖諭廣訓衍》這類白話論釋的體裁，實因宋代《孝經直解》開啟的「直解體」與明代善書中的語體匯聚形成。馬禮遜最後雖因士人觀感而不敢取之為譯體，然而時迄清末，歷史確已走到「無白不通」的地步，基督教士早已看出大清帝國三分之二的人口講的是官話，稍後又指出北京官話已取代南京官話，變成類似但丁所提倡的「言文一致」的「最現代」的語言。前此基督教會更已經明訂官話為洋學堂的教材與教學用語。五四前後，胡適的〈文學改良芻議〉與陳獨秀的〈文學革命論〉瞠乎其後，頂多順應潮流，登高一呼，而白話文的歷史地位，就此奠下。

現代白話文自成一格，和通俗小說或《廣訓衍》一類的傳統白話文不同，其定義，有謂在五四前後已隱藏在歐化體中文的表現裡，而其淵源所自，當然是胡適〈文學改良芻議〉所揭〈八不主義〉中所謂「須講求文法」與「不摹仿古人」等主張：這些見解俱從西人理論形成，拒古從新，把白話文拉向歐西去。

如果不拘泥於「歐化」中的「歐」字，上述正是錢玄同因梁啟超「輸入日本文之句法，以新名詞及俗語入文」之所指。果然如此，中文「歐」化，依舊和來華布道的歐洲傳教士有關，而且應從「新名詞」的歐化談起。類此歐化，不獨指「煙士披里純」（inspiration）等音譯，恐怕更應溯至「地球」或「月球」等古所未聞的名詞的創譯。這類音譯與創譯現代性，並不乏見於明末基督徒的著譯中。即使文學性更強的「勒鐸里加」（*rhetorica*）或「博厄第加」（*poetica*）等字詞，艾儒略或楊廷筠筆下同樣不少。即使不計名詞音譯，以「句法」論，上述賀清泰譯《古新聖經》中，像「給他們刀，為殺我們」這種類似「如是我聞」的中文倒裝句，說來也還頗有一些。《嘗試集》強調的白話詩，賀清泰〈救出之經〉（〈出埃及記〉）中，已經譯得如下的〈凱旋歌〉：

我們天主台前齊謳詞，

因為發揚他的光榮威嚴，
將馬兼騎馬的，共摔在海裡。
我的堅固，我應當讚美的就是天主。
……

《嘗試集》的序言裡，胡適有所謂「『詩之文字』原不異『文之文字』」之論，如果不以翻譯廢言，上引〈凱旋歌〉絕對符合之，而且比胡適的理論與實踐還提前了二百年出現。易言之，胡適的詩論果真有人以白話「嘗試」之，則應始自乾嘉年間賀清泰的翻譯。五四期間的「嘗試」，原稱不上是在「嘗試」。

道咸以後，歐化體白話文的霸主仍為前述基督教傳教士。維新運動前夕迄五四運動稍前，中國南北出現的白話報恐怕不下於一百七十種。但是維新運動之前四十年左右，除了《聖諭廣訓》的直解本與通俗小說之外，中國使用白話最厚的「文本」，仍然是洋人再傳的《聖經》，而且不是屬於淺近文言的所謂「淺文理」本，而是那譯成官話者。五四運動及其後的白話文，又有人以為是傳統文言文語譯和由外文中譯者滙合而成，如此則這兩種翻譯體的白話文，湊巧都可見於南京與北京官話的《聖經》譯本中。前者僅出《新約》，乃由文言文本《聖經》於一八五七年語譯而成，後者於一八六六年開始譯業，係由《聖經》的希臘與希伯來原文迻為北京話，而這兩種形式的翻譯或《聖經》譯本的合流，結果就是人稱「和合本」的現代白話文《聖經》。其傳譯融會的時間長逾半個世紀，最後才在五四運動同年的一九一九年大功告成。

白話文當然不是胡適、陳獨秀的發現，歐化體的現代白話文更不是他們的發明，而大致說來，乃因基督宗教在近代譯經或傳教而形成。儘管如此，和合本《聖經》一類的語體若非胡適、陳獨秀在五四前後振臂高呼，也絕難為昔日恥之的知識人取之，更不可能獨佔中文世界今日通行語的鰲頭。他們承先啟後，立下的標竿，確也為語言文化再樹百代根基。

李奭學，中央研究院中國文哲研究所研究員。

文學

季劍青

通常認為，現代的「文學」概念源自西方和日本的知識體制，在晚清被引入中國，通過「五四」文學革命而得以確立，但若細緻梳理晚清以降「文學」觀念的譜系及其與新文化運動的錯綜關係，就會發現實際情形遠為複雜。文學革命之所以在「五四」新文化運動中扮演了如此重要的角色，恰恰是對自律性的現代「文學」觀念的突破所致，而非奉其為圭臬的結果。

中國古代典籍中的「文學」並不是一個穩定的概念，有文章博學、文辭、文字之學、學術文化等多種義項。這種情況一直延續到晚清乃至民初，我們仍能看到「文學」的不同用法。這一時期一種較為流行的觀念是把「文學」看作各類文字的總稱，接近傳統「文辭」或「文」的概念。例如陶曾佑〈中國文學之概觀〉一文即將「文學」理解為「著作之林」，不僅包括詩詞劇本，論文、譯著也包含在內。與此相關聯，「文學」寬泛地指稱各種學術和知識的意義，在當時也廣為接受，並且反映在新學制的學科設置中。如一九〇二年頒布的《欽定京師大學堂章程》，就將經學、史學、理學、諸子學等都納入「文學科」之下（參見陳國球，《文學如何成為知識：文學批評、文學研究與文學教育》（北京：生活・讀書・新知三聯書店，二〇一三）。

現代意義上的「文學」概念，大致是在十九世紀末至二十世紀初從日本傳入中國（參見余來明，《「文學」概念史》（北京：人民文學出版社，二〇一六）），其核心特徵是分科化，「文學」不再是各類文字或知識活動的總稱，而成為具有自身規定性的某種特殊的領域。而構成「文學」自身規定性和獨立性的要素，則是形式上的美感和訴諸情感。如黃人編纂的《普通百科新大辭典》「文學」條目即云：「文學雖與人之知意上皆有關係，而大端在美，所以美文學亦為美術之一」，魯迅〈摩羅詩力說〉亦稱：「由純文學上言之，則以一切美術之本質，皆在使觀聽之人，為之興感怡悅。文章為美術之一，質當亦然」，魯迅所謂「文章」，大體相當於「文學」。這種以「美術」為核心的「文學」概念包含了一種排除的機制，即將思想論說性的文字擯棄在「文學」之外。

自律性的文學觀念使得「文學」處於文化空間中相對自足和獨立的位置上，與晚清民初活躍的思想界很少發生溝通和交流。一九一五年，黃遠庸在給《甲寅》主編章士釗的信中，提出要以「新文學」「與現代思潮相接觸」（黃遠庸，〈通訊・釋言〉，《甲寅》一卷一〇號（一九一五年十月）），但並未得到章士釗的積極回應。陳獨秀創辦的《新青年》，表現出對文學更濃厚的興趣，但早期《新青年》的文藝欄與其論說文字仍是並立的存在，直到胡適宣導的白話文學主張在《新青年》上登場，才迎來了打破「文學」和思想論說之間的藩籬的契機。一九一七年一月，胡適在《新青年》上發表〈文學改良芻議〉一文，提出以白話為文學書寫語言的主張，得到陳獨秀、錢玄同和劉半農等人的贊同。值得注意的是，陳、錢、劉等人此前基本上都秉持自律性的文學觀念，強調「文學之文」與「應用之文」的區分。而胡適提倡的白話文作為一種文體，潛在地具有應用於各種書面文字的普遍性，因而當它一旦成了衡量文學價值的最重要標準，便會對文學之文與應用之文的區隔形成衝擊，使得自律性的「文學」的邊界出現鬆動。一九一七年五月，劉半農在《新青年》三卷三號的通信欄中，提出應將白話文學的主張付諸實踐，「此後本志所登文字，即當就新文學之範圍做去，白話詩與白話小說固可登，即白話論文亦當採用」。不久，錢玄同在給陳獨秀的信中，也表達了類似的觀點：「我們既然絕對主張用白話體做文章，則自己在《新青年》裡面做的，便應該漸漸的改用白話」（〈通信〉（錢玄同致陳獨秀），《新青年》三卷六號〔一九一七年八月〕）。原先只是被當作新的文學語言的白話，現在已經擴展到一般性的論說文字的領域了。從一九一八年一月四卷一號開始，《新青年》上文學方面的論文基本上都用白話了，一些政論文章也開始採用白話。《新青年》的文學作品和論說文字都採用白話後，刊物的整體風貌越發顯得鮮明。到了卷五，《新青年》幾乎完全成了一個白話文的刊物了。

白話文對《新青年》的全面覆蓋，使得文學之文與應用之文的區隔消泯於無形，彼此間滲透和互動日益顯現，以白話這一共同的媒介為仲介，思想開始融入到「文學」之中。如一九一八年六月出版的《新青年》「易卜生號」，以前所未有的專號的形式，將易卜生作品的翻譯和易卜生思想的論說組織為一體，完全打破了論說文字與文學欄目分立的格局。這期專號影響極為深遠，一舉奠定了易卜生在中國新文學和新文化運動中的經典地位。

隨著「文學」邊界的鬆動和擴大，文學革命和白話文運動逐漸融為一體。而隨著白話的應用範圍擴展至種種思想和學理的表述，文學革命與思想革命亦呈現出合流的趨勢。「五四」時期的「文學」觀念實際上處於一種不穩定和開放性的狀態，但對「文學」的理解和界定無論如何流動不居，有一點卻越來越成為共識，即思想——主要是經過新文化運動洗禮後的新思想——是新文學最核心的要素。沈雁冰在回應新文學看不懂的責難時說：「我覺得現在一般人看不懂『新文學』，不全然是不懂『新式白話文』，實在是不懂『新思想』」（〈通信〉（沈雁冰答梁繩禕），《小說月報》一三卷一號（一九二二年一月））。思想性成為界定新文學的基本特徵，同時也構成了新的「文學」概念的內核。

季劍青，北京市社會科學院文化所研究員。

詩國革命

鄭毓瑜

一九一五年九月，胡適於綺色佳（Ithaca）通往紐約市的火車上，突然想出這句宣言「詩國革命何自始？要須作詩如作文」（〈逼上梁山〉），就此揭舉「詩國革命」的大旗，一九一七年胡適、陳獨秀相繼發表〈文學改良芻議〉與〈文學革命論〉，提倡白話、革新文學的呼求一時風起雲湧，認為從「今世歷史進化的眼光觀之，則白話文學之為中國文學之正宗，又為將來文學必用之器，可斷言也」（胡適，〈文學改良芻議〉）。

在文學革新的論述過程中，胡適最在意的是「語言文字」和「文體」的解放，從一九一五年〈論句讀〉之後，一九一六年〈逼上梁山〉中爭論「白話是否可以作詩」，一九一七年在《新青年》發表〈文學改良芻議〉，一九一九年〈談新詩〉提出白話詩的「自然音節」與「具體性」，一九二〇年教育部公布施行新式標點符號，明確「標記」詞句的性質種類（如疑問句），並「點斷」句中各部分在文法上的位置與交互關係，[1]一九二〇年《教育部令第七號》通令全國國民小學一、二年級改國文為語體文，廢除古文，一九二一年胡適綜合曾經發表的文章，完成長文〈國語文法概論〉[2]；短短五、六年間的一連串改革，取代了傳統基於「句讀」、「吟誦」的讀書作文法，也等於宣告新思維、新感受與新文學正式登場。

但是，漢語或漢字，是否絕對可以「文／白」或「死／活」二分？區分「新／舊」文學，是否表示新文學就可以完全脫離傳統的影響？在喧譁的口號背後，這些根本議題持續進行「『後』革命」的發酵與熟成。提倡白話，自然是胡適「文學革命」的核心，但是文／白二分的說法，卻是個假議題。我們往往以現代用語區分了口語與書面語，其實口語／書面語的界線並不存在，前現代只有雅／俗的區別，而「事實證明，白話已經擁有一個長期而生動的歷史，它作為書面文學的媒介，是自由的、真實的、一定程度上帶有亞文化性質的，而沒有在任何較大程度上成為官方規畫的主題。由此白話能夠真正地在文言文的庇蔭下自由地發展，直到它被『馴化』，並被用作帶有強制性的『國語』」。[3]那麼，既然在文言文脈絡中就包含有自由生長的白話，胡適所倡議的「白話」根本不可能完全去除漢語書寫的文體成分與歷史語境。

正因為問題不在於白話如何不同於文言，而是白話馴化為「國語」，而成為有標點、文法的定準化表達「媒介」之後，詩人面臨必須轉換一種聲口、改變一種思想而重新來過，新詩的「新」，才從此在各式各樣的模擬、對抗與實驗中展開。「語言」創造與「詩」創作，顯然是齊步同行的一件事。

晚清民初以來，面對新語詞、新學科、拼音文字、英語文法這些如同外來侵襲的事物，漢語、漢字及其所在的文化系統，從未停止回應與思考；從「如何向新世界開口發聲」到「如何重建與世界的新關係」，我們發現漢語詩「現代化」的進程裡，並不是只有向西看齊的直線指向；由「失語」到「詩語」牽涉極其複雜的各式討論，我們不能忽視當時由語法學、文字學、音韻學、心理學、修辭學等不同領域出發而建構的漢語新思維，討論「現代」的漢語詩學，不應該忽略如馬建忠、劉師培、黃人、黃侃、唐鉞、胡樸安、陳望道、李安宅，以至於陳世驤或高友工等人，是如何自覺的去發現漢語、漢字所以存有與應變的依據。

尤其是文學革命以來，「準確性」一直是個核心議題，從講究文法、標點的規範，用機器

1 見〈請頒行新式標點符號議案〉，《胡適全集》卷一，頁一一〇—一二三。

2〈國語文法概論〉由〈國語的進化〉、〈國語文法的研究法〉二文合併而成，寫作與刊載時間由一九一九至一九二一年，請詳參《胡適學術文集》（北京：中華書局，一九九八），〈國語文法概論〉開頭附注，頁一。〈國語文法概論〉後收入《胡適全集》卷一，頁四二一—七三。

3 此處說法是綜合何莫邪（Christoph Harbsmeier），〈五四語言傳統與修辭學：幾點粗淺的比較分析〉一文，收於郎宓榭（Michael Lackner）等編著，趙興勝等中譯，《新詞語新概念：西洋譯介與晚清漢語詞彙之變遷》（濟南：山東畫報出版社，二〇一二），頁三八七—四三二，引號內文字見頁三九九。

實驗聲音的長短輕重，至於講求意義明白確定的「胡適之體」。終於一九三六年爆發一場「明白／晦澀」或「懂不懂（作者／讀者）」的詩論爭，背後正是對於一九一七年以來這套「準確」操作的反思。一方面李金髮、戴望舒、施蟄存、卞之琳等人藉由創造新語言、新章句來挑戰「準確」規範，另一方面則包括譯介西方詩學中關於「意象」、「象徵」、「純詩」等觀念，又借取傳統「比興」、「肌理」等說法，以重新設想文字技術與個人實感的關係，這當中無疑交織了新詩學、傳統詩學與西方詩學更深入的對話。

這樣隱微而龐雜的線索，凸顯了詩在語言學中最中心的地位；現代漢語的種種試煉，包含詞彙、語序、構句、聲音與意義的種種關係，沒有透過文學實踐是不可能完成的。新詩的發展在技術體系、工業文明的威脅中，引生從語音分節到姿態節奏、從語序連斷到活軟肌理的種種樣態，而重新聯繫人與世界的新關係。這樣的新詩才能把語言帶回其本質，而成就真正的「漢語『新』詩學」。

鄭毓瑜，中央研究院院士，國立臺灣大學講座教授，中國文學系特聘教授。

執拗的低音

——舊詩文中的五四運動

邱怡瑄

「執拗低音」是音樂學術語，指樂曲中不是主旋律，但不斷重複且反覆出現的低音。日本學者丸山真男將「執拗低音」和地質學中的「古層」術語，用來指代日本思想史中的一些「原型成分」。歷史學者王汎森則將此術語用來形容近代思想文化史中許多被主流聲音壓抑而忽略的事物。

五四運動的一週年，一九二〇年的《晨報》發行了「五四紀念增刊」，主筆陳博生（一八九一—一九五七）以淵泉為筆名，發表了〈五四運動底文化使命〉一文。回顧這場風起雲湧的運動，陳博生提及：「世人往往把五四運動看作政治的運動或且是國家的運動，我以為是社會的運動、國際的運動。」這場由外交危機引發的學潮，當時曾引發社會各階層的響應。整個風潮首先召喚青年族群對國家前途的憂慮，進而要求對國際正義的關心，再進一步轉化為對國家內部救亡與啟蒙方向的追求。包括胡適在內，許多人在追憶這場活動的意義時，都淡化了學生們當時明確的政治訴求，轉而強調此一風潮提供了整個思想史和文化史「重估一切價值」的契機。為了應對國家危局，「自訟」[1]與「自救」乃是當時社會的必經之途。五四運動藉由沛然莫之能禦的民氣，將「自訟」之途絹合「新文化運動」的脈絡，通盤性地對當時的文學形式、倫理道德等所謂「傳統文化」，進行一系列的檢討和批判。

舊詩文裡的感時憂國

文言文和舊體詩都是「文學革命」的重要標靶，在常見的五四論述裡，也屬於亟待被重估價值的對象。順著將救亡連接啟蒙，啟蒙連接白話的邏輯，舊詩文被劃歸到五四運動的對立面。然而舊詩文真的與五四運動沒有關係嗎？回到風潮發生當下，當時學生利用舊體吟詠響應五四運動者，實不乏人。如出版於一九一九年六月二十二日的《南開思潮》第四期，「文苑」部分就登載了一百三十首舊詩、三首詞與一首白話詩。舊詩中有一首〈感時並序〉，正是描寫五四運動發生前的情境：

> 〈感時並序〉春巳三月愁又千斛，忽聞和平會上中國有失敗之說，而南北仍在戰爭旋渦中，感而為詩。

滿目烽煙感百端，茫茫國步愈艱難。兩湖黔首多塗炭，一派將軍少肺肝。
借箸何時籌妙策，燃犀無處照神奸。我生本抱杞憂者，舞罷龍泉竟夜嘆。

此詩雖非正面描寫五四運動，但透露五四運動發生時，社會群情鼎沸的內因。國際上蒙受外侮，國境內竟仍干戈未休、生靈塗炭。詩中利用「借箸代籌」、「燃犀照夜」、「杞人憂天」等歷史典故，說明面對國步艱難之際，必須苦思方策、辨明是非。詩作寥寥數語，卻具體呈現文言文積累千年的典故資源。這也說明了舊體詩文其實不曾缺席於感時憂國的寫作風潮。

舊體詩不同於新文學的特色，在於它具有應酬唱和、課題共作等形式。前述那首〈感時並序〉，其實就是當時上海地區詩社的每月課題。在「同南社」這個以保存國粹為宗旨的社團刊物《同南》月刊第八期中，也有同題作品。其詩序提及：「是題為邑中課餘詩社所出，係應徵之作。時歐洲和會纔開而湘陝戰事猶未息也。」這種以唱和與同題共作形式，對同一事件進行題詠，遂而產生群體意見的閱讀效應，正是傳統詩文發揮社群功能的具體例證。舊體詩的寫作風潮雖然往後確實被白話文壓過，但憂國意識乃無關文體之新舊，白話文能傳達的啟蒙訴求與救亡思想，在舊體詩文的世界中，一樣也存在。因此五四運動前夕的社會潮流，乃至於五四運

1「自訟」典出《論語・公冶長》：「吾未見能見其過而內自訟者也。」即自我反省、檢討之意。

動中湧動的民族情感與愛國意識，在舊詩文的世界裡並未缺席。

〈學潮行〉看五四運動

除了救亡和啟蒙的提倡外，一九二〇年前後學生們的愛國意識和民族情感，也展現在支持國貨的運動中。《廣益雜誌》是上海地區商業團體為了提倡國貨所發行的雜誌，刊有不少舊詩文。或者我們也可以這麼設想——舊詩文是中國文學傳統的延續，在重估一切價值的時刻，白話文普及及淺近的特質，確實使它遭逢了巨大挑戰，但文言文或舊詩從未真正銷聲匿跡在文化中。他們也和白話文「共時性」地面對了五四運動的風潮。而舊詩文中，又會如何評述「五四運動」及其繼起的學潮呢？

一九二一年發行的《廣益雜誌》第二十三期，登載上海文人陳野鷗數篇舊體詩作。其中〈學潮行〉就是一首評述五四運動的七言古詩。詩中稱「學潮」，是把寫作重心對準在當時學生們，為了響應五四運動理念所發起的罷課活動。陳野鷗詩中闡述了當時學生發起學潮的深層原因——共和國體建立後，民族意識的種子開始發芽，青年學生奮起救國，也投入各種運動和學潮之中。陳野鷗雖然理解學潮的背景，卻對此舉不能完全認同。他以歐戰中的學校教育並未廢止為參照，認為學生輟業罷學，對國家或自己都未必有正面效益，現具錄全詩如下：

〈學潮行〉陳野鷗

年來學子多鬩爭，如潮挾風鳴不平。拈題我得學潮詠，瞠目為之久盱衡。
念自共和國體更，國民種子繫羣生，德皇勝法論功績，首推學校非過情。
青年飫聞邦國恥，他日從軍甘決死。歐戰七年事事荒，唯有學程不停止。
禹惜寸陰陶惜分，黃金難購韶華晷。浪拋至寶事遊行，六縣大錯誰鑄此。
去年指斥三倖臣，一朝罷職潮逡巡。今緣魯案及協約，葵花系統並指陳。
相約罷課兼演講，傳單聳動工商民。軍界禁往致鑿枘，戒嚴令下方遵循。
總之弱國慴強虜，柔順蒙欺剛激怒。政府未必無瑕疵，學生或亦受簧鼓。
愛國先當愛己身，愛身力學堪禦侮。奈此一時氣勢騰。子胥文種神疑輔。
輟業休尊教室鞭，搴旗罔懼錢塘弩。吾念潮流不可防，吾為學界心悲傷。
十年教訓越抱怨，八千子弟項爭強。譬支元氣須長養，詎令壅閉絕頸吭。
願依秩序勤淬礪，庶凌咸池薄扶桑。

陳野鷗主張學生應回到秩序之中從事愛國運動，因為「愛國先當愛己身」，罷課只能有一時之氣勢，無益國家長久之富強。陳野鷗的評論立場和思考模式確實都偏於保守。然而這樣的詩作，是否說明前面一再提出的一個通常性的假設——寫作舊詩文的人，在這場運動中，是不是幾乎都站到了社會潮流的保守一方？

支持文言文的五四領袖

我們還可以再舉一個特別的例子。五四運動中有許多學生領袖，學生領袖除了發起罷課宣言，向海內外媒體表達政治訴求外，也組織遊行，熱中參與各種具有啟蒙意味的宣講團。接下來要介紹的這號人物瞿宣穎（一八九四—一九七三），當時就讀於復旦大學。一九一九年時是滬上的學生代表之一，起草過上海學聯的聲明。憑藉良好的外文能力，他翻譯過哥倫比亞大學教授何爾特（Emmett Holt, 1855-1924）的《育兒問答》一書，當時連載在《婦女》雜誌，後由商務印書館出版發行。瞿宣穎更積極參與提倡義務教育的宣講活動。這樣一號人物，幾乎是「新青年」一代的典型，接受新式教育，銳意從事救亡與啟蒙。在五四運動時，他還以英文投書國際媒體，表達當時學生的訴求，譯文曾刊載在《民國日報》上。

不過這樣的學生領袖，在一九二五年時，卻發表了〈文體說〉一文，主張「文言自有時代，白話亦非無古今」、「欲求文體之活潑，乃莫善於用文言」。瞿宣穎的文章刊載在和他同樣支持文言文的章士釗主辦的《甲寅》月刊上，這樣的主張，自然引起了後續的論爭漣漪。但瞿宣穎指出，文言文不是古文，是可以代表當時思想和精神的「今文」，他的文言文，更是「民國十四年之文字」。瞿宣穎的個案其實代表五四運動的參與者，並不全都屬於白話文運動的支持者。過於簡化的等同，其實無異於誤解。而「重估一切價值」，並非只有以新代舊這樣簡單的路線，其間經歷的磨合與碰撞，以及種種文體的實驗和討論，正是五四運動更重要的遺產——一切的「定論」，其實都有再脈絡化的必要。文學革命的訴求隨著五四風潮，確實獲致了空前成功。然而我們其實不當忽視，每一場轟轟烈烈的運動背後，其實都存在著一些雖然不是主旋律，但始終不曾消失的「執拗低音」。

邱怡瑄，國立臺灣大學中國文學系兼任助理教授。

新生的老鴉

夏小雨

一九四七年，戰亂未息，變局將至，中年馮至以詩紀念「五四」，也追憶自己的青春。〈那時……——一個中年人述說「五四」以後的那幾年〉如此寫道：「那時我們用簡單的／文字／寫出簡單的詩文；／那時我們用幼稚的／文字／寫出幼稚的思想。」於馮至，重訪五四，既是重返新詩的起點，也是回到自身詩歌的起點。「幼稚」因而是青春與新生的代名詞。

新生的喜悅與艱難同樣體現在胡適最初的新詩實踐。五四時期的胡適，詩中常是黑暗與光明，夜與清晨的對峙。譬如〈晨星篇〉（一九二一）：「我們作了一首詩，／——一首沒有字的詩，——／先寫著黑暗的夜，／後寫著晨光來遲；／在那欲去未去的夜色裡，／我們寫著幾顆小晨星，／雖沒有多大的光明，／也使那早行的人高興。」又如這首頗具「新詩」宣言意味的〈老鴉〉（一九一八），同樣以「清早」起句——

我大清早起，

站在人家屋腳上啞啞的啼
人家討嫌我，說我不吉利：——
我不能呢呢喃喃討人家的歡喜！

早起的詩人化身烏鴉，叫醒酣睡的世人，是新文學再常見不過的啟蒙主題了。黑色的、「不吉利」的烏鴉，卻喊破天際，放進光亮，這也是啟蒙主題中常見的光明與黑暗的變奏與辯證。廢名四〇年代講授新詩歷史，最看重的莫過於新詩的「朝氣」與「質直」（廢名，〈談新詩〉）。

而〈老鴉〉之所以可被看作「新詩」的宣言，不僅在它啟蒙的意象與主題，更在其形式與語言。詩中烏鴉刺耳的「啞啞」聲，乃是對粉飾太平的「呢呢喃喃」的反叛。這種反叛，點明了新詩對舊詩，新文學對舊文學的叛逆。「不拘格律，不拘平仄，不拘長短；有什麼題目，做什麼詩；詩該怎樣做，就怎樣做。」[1]胡適對新詩的定義直指形式自由的核心：以新的、未經標準化的形式掙脫傳統詩律的束縛，以樸直自由的「白話」對比韻體文繁文縟節的不自由。

「新詩」推舉的形式自由、語言自由，正與五四啟蒙精神同調。康德視法則與公理為理性的誤用，將人桎梏於不成熟的幼年期，而啟蒙正是將人從這一枷鎖中解放，聽從自我而非外在的引導，成長成人。[2]如果說五四與新文化運動呼喚青年出走「舊家庭」與「孔家店」，是對文化專制的反抗，那麼新詩則在形式與語言層面，反叛舊詩與韻體文的形式枷鎖。

新詩在現代中國的歷史因而也不妨讀作一部成長小說。無論是胡適筆下的「晨星」與早起的「老鴉」，或是廢名所謂朝氣與稚氣，又或馮至所懷念的簡單幼稚，在在可見新詩的自我期許。新詩對形式自由與語言自由的追求，同時是對精神自由的嚮往，對「成人」的渴望。正如中年馮至記憶中的五四：「那時像離開了馬柵的／小馬，／第一次望見平原；／那時像離開了鳥巢的／小鳥，／第一次望見天空。」[3]

然而，也如所有成長小說的主人公一樣，新詩在追求自由的過程中，必然遭遇種種不自由。也正是在這一切不自由中，新詩重新體認自我與傳統、與大眾的聯繫。聞一多、戴望舒、林庚等一代代詩人對「新詩格律化」的探索，或是「新詩大眾化」實踐中對新民謠與「民族形式」的發現，都是新詩在種種形式限制下，竭力與傳統、與大眾對話。同樣不容忽視的，是新詩對外國文學的學習。無論是穆旦詩中艾略特與奧登的印跡，或是馮至對里爾克十四行詩的回

---

1 胡適，〈談新詩〉，《胡適全集》卷一，頁一六四。

2 Immanuel Kant, "An Answer to the Question: What is Enlightenment?" *Practical Philosophy* (Cambridge; New York: Cambridge University Press, 1996), p. 17.

3 馮至，〈那時……——一個中年人述說「五四」以後的那幾年〉，《馮至全集》卷二，頁五—六。

應，都不是簡單的模仿與移植，而是為新詩的語言與形式內部引入新的可能。白話現代詩與外國詩歌的相遇，指向的是自我與世界、與異質性的相遇。橫空出世啞啞獨語的新詩，終於必須在與歷史、與世界、與不同的文學傳統的磨合摸索中，學習一種能抵達讀者的語言，一種及物而切身的形式，一種自我與他人共鳴共感的韻律。

新詩在不自由中的成長，同時見證五四理想在現代中國的成長。高蹈的啟蒙主義如何落地生根，知識精英的話語如何走出大學，抵達底層人民的心靈，這是五四一代不得不面對的困境與挑戰。四〇年代馮至回憶五四，亦不能不感喟其間二十餘年理想與現實的碰撞：「那時誰也不會想，／在前途／有無限的艱難；／那時誰也不會想，／艱難時／便會彼此分手。／／如今走了二十多年，／卻經過／無數的歧途與分手；／如今走了二十多年，／看見了／無數的死亡與殺戮。」[4]二十年間，革命、政治、戰爭不斷聯合又分離著一代代現代中國知識分子。

歷經離亂，身處變難，在一切的不自由中，詩人見證五四在現代中國未曾磨滅的印記——

如今的平原與天空
依然
照映著五月的陽光
如今的平原和天空

依然
等待著新的眺望[5]

中年馮至重訪五四，不僅是重訪新詩與現代中國的起點，重訪自我詩歌的起點，更是由此確認自我在當下的位置，等待並眺望一種新的可能。

而這一「新的眺望」也在形式與語言之外，更深一層定義了新詩之「新」的意義。在廢名看來，新詩的新甚至不在於語言與形式的新，而在「詩感」的新。而這「詩感」，特指一種「實在的詩感」（廢名，〈談新詩〉）。新詩因而是對既有的可感領域的拓展，是在現實的邊界局限內發現可能，在必然世界見證自由。在新與舊、內與外、形式與自由、局限與可能、詩與史的辯證中，新詩的歷史同時也是一部五四與現代中國的成長小說。

夏小雨，加州大學柏克萊分校東亞語言文化學系博士候選人。

---

4 同前注，頁八。
5 同前注，頁八—九。

「我願把我的靈魂浸入在你的靈魂裡」
：五四情書

吳盛青

一九三三年，時任世界書局英文編輯的朱生豪，在給他的戀人宋清如的情書裡這麼寫道：「情書我本來不懂，後來知道凡是男人寫給女人或者女人寫給男人的信（除了父母子女間外），統稱情書，這條是《辭源》上應當補入的，免得堂堂大學生連這兩字也不懂。」語氣難免調侃，卻道出一個有意思的話題：何謂「情書」？五四來了，民國人如何學會寫情書？情書又誘發了何種不同的情感經驗、表達方式？

古人有「驛寄梅花，魚傳尺素」的說法，或者是將信札綁在燕子腿上遞送相思。這些詩學意象固然美好，書信（在古代稱為尺牘）中相思渴念的表述，如果不是付之闕如，也是寥寥無幾。這類豔情、風月尺牘，在道學家眼裡不登大雅之堂。一九二七年，周瘦鵑還一本正經地給「情書」下定義，「男女間寫心抒懷用以通情愫者也」，並稱之為「心靈之香」、「神明之媚」。[1]現代人編撰的古代情書選，都是用現代「情書」的概念去整理、附會那些言情寫意的信件，卓文君的《與相如書》儼然成了古代豔情尺牘的經典代表。[2]世紀之交的「情書」概念，廣義地定義為交流情感的書信，但是在五四前後，隨著新的「自由戀愛」觀念的輸入、[3]郵政系統的完善、都市物質環境的成熟，情書在五四前後開始被奉為「是愛情上最重要的技術了！情書是愛情的寶筏，情書是兌現幸福和快樂的支票，情書是愛情上的保證！」[4]本文在此不涉及「情書」作為一種書信體的文學虛構文類，[5]而是聚焦五四作家私密的個人情感寫作，從這些有幸、不幸公開了的私人信件裡，去窺探「情書」作為新的情感應用型文類寫作在五四之後的播揚，偵測其間情愛語言與情感表述方式的新變。

二十年代出版的情書指南、報刊文章中紛紛認為情書，作為「求愛的作品」，是重要的戀愛技巧法則。情書應以白話為上，認為這樣比較符合大都會摩登青年的做派，而他們用白話也比較得心應手，能夠暢所欲言。[6]新文藝作品中的辭藻更成了情書的資源，情感的渲染烘托是其主要特徵。情書裡又分出敘述、日記、抒感、詩歌等四個體例。同時諄諄告誡年輕人情書要手寫，切勿用打字機，教人投遞時候要注意保密，以及如何用電碼寫情書以期達到絕對私密效果。[7]情書裡還可附上小照一幀，撒上清淚幾許，或是以吻封箋。劉大白的〈郵吻〉一詩，描寫了戀人鄭重開啟信箋時的欣喜，「我知道這信封裡面，／藏著她祕密的一吻。」[8]換言之，現代情書，以傳統言情信札所不具有的意義感念、傳播管道，成了一種最具身體感受、貼近心靈感知的實踐形式。

情書中對愛人的稱謂、落款都需要細心斟酌。周瘦鵑例舉了情書的上款稱呼：某某愛卿、

1 周瘦鵑，〈情書論〉，《紫羅蘭》二卷一三期，頁一。文中指出中國情書首推司馬相如、卓文君等，並認為拿破崙致約瑟芬，囂俄（雨果）致未婚妻的情書係西洋代表。

2 例如，丁南邨編，《清代名人情書》（上海：時還書局，一九三二）；曹兆蘭編，《中國古代女子情書選》（廣州：花城出版社，一九八七）。參見趙樹功，《中國尺牘文學史》（石家莊：河北人民出版社，一九九九）關於古代「情書」討論，頁四一—五一。

3 見楊聯芬對「戀愛」作為一關鍵字的討論，《浪漫的中國：性別視角下激進主義思潮與文學（一八九〇—一九四〇）》（北京：人民文學出版社，二〇一六），頁一—六〇。

4 靜宜女士，〈序〉，《情書描寫辭典》（上海：中央書店，一九三三），頁二。序言作於一九二三年。

5 徐枕亞著《雪鴻淚史》、包天笑以未亡人的口吻寫就《冥鴻》書信體小說，鴛蝴作家中也有專門用「情書」命名的「哀情小說」、「寫情小說」。《小說新報》中「豔情尺牘」專欄用代、擬的形式寫情書，李定夷編有《豔情尺牘》兩冊，見陳平原，《中國小說敘事模式的轉變》（香港：香港中文大學出版社，二〇〇三），頁一八〇—一八八。其他虛構性的書信體短篇小說，例如見俊生編，《現代作家情書選》（上海：仿古書店，一九三六）。

6 見徐國楨，〈情書論〉，《紅玫瑰》四卷一三期（一九二八），頁一—二；《情書描寫辭典》，頁五—七。

7 德文，〈情書之約法〉，《禮拜六》一八〇期（一九二二），頁五三—五四。

8 劉大白，〈郵吻〉，《郵吻》（上海：開明書店，一九二六）。

愛姊、愛妹，外加如吻、如握、愛鑑、青睞等。他特意指出「如吻」一字，新穎怪特，不知何人所創。[9]《情書描寫辭典》例舉了戀愛不同階段時期的稱呼，諸如我暗室的明燈、嬌美玲瓏的小白兔等說法。正襟危坐談著師生戀的魯迅先生，也有柔情的一刻，將許廣平稱為「小蓮蓬」、「小刺蝟」，落款時也會充滿童趣地畫一隻「你的小白象」。[10]朱生豪在他的情書中嘲笑了那些小鳥、鮮花之類的陳辭濫調，對宋清如的稱呼從宋、到清如、澄、傻丫頭，並說「我想用一個肉天下之大麻的稱呼稱呼你，讓你膩到嘔出來。」在宋小姐搭架子刻意要保持距離喚他「朱先生」時，朱生豪佯裝生氣說：「不許你再叫我先生，否則我要從字典中查出世界上最肉麻的稱呼來稱呼你。特此警告。」[11]從某某愛卿到肉麻的個性化稱呼，其間捅破的是舊倫理的皮囊，渴望拉近心之距離，是「我」對「你」傾訴衷腸。「我」與「你」，兩個互為鏡像的情欲主體，通過文本對話關係、呼語的大量運用，建立起親昵無間、互為纏繞的主體間性。

情書，作為私密情感之間的媒介，說到底，無外乎是「我愛你」這三個字深情款款、翻來覆去、顛三倒四的演繹、渲染。而從兩情相悅的曖昧含蓄，變成直截了當的「我愛你」的宣示，二十年裡民國情書清晰地呈現了情感表達方式的深刻變化。《清代名人情書》中收入的《柳如是寄錢牧齋書》，柳如是如此表達自己芙蓉帳暖的繾綣深情，「此夕恩情美滿，盟誓如山，為有生以來所未有，遂又覺入世上有此生歡樂。」[12]與文言雅辭的馴化不同，取而代之的大白話自然、寫實，諸如我要咬你的手臂，我要kiss你的香唇，有摩登時代裡青春的放浪、生悍，無從抗拒。

新文藝作家一代已經成為「自由戀愛」的實踐者，靈肉、「心」「性」一致的觀念，構成現代情書敘述文體的內在脈絡。想醉愛一場的白薇，為一個吻而驚心動魄；沈從文對他的「三三」呼喊，讓星星成為他的眼睛，目不旁瞬地瞅著他的愛人；冷鷗（廬隱）踟躕於荒野的靈魂渴求異雲的安慰。浪漫詩人徐志摩頻頻用「濃得化不開」的筆調，歌頌「戀愛是生命的中心與精華」，強調心靈的契合無間，「我要你的思想與我的合併在一起，絕對泯縫」，生命路上「情願欣欣的瞑目」。[13]

9 周瘦鵑，〈情書論〉，《紫羅蘭》二卷一三期，頁一。

10 見魯迅、景宋，《兩地書・原信》（北京：中國青年出版社，二〇〇五）；魯迅、景宋，《兩地書》（上海：青光書局，一九三三），刪節版。

11 朱生豪著，朱尚剛整理，《朱生豪情書》（上海：上海社會科學院出版社，二〇〇三）。宋清如整理出版的《寄在信封裡的靈魂》（上海：東方出版社，一九九五），有刪節。朱生豪寫情書之際心裡當然只有宋清如一位讀者，宋清如也曾想在她臨死時銷毀這些屬於她個人的文字。重新整理出版的情書，盡可能地保留了信件原貌。《朱生豪情書》所呈現的私密、真實、原生樣貌，亦是其魅力之一。

12 《清代名人情書》，頁一三。

13 白薇、楊騷，《昨夜》（石家莊：河北教育出版社，一九九五；初版，上海南強書局，一九三三）；沈從文，出生於辛亥之際的朱生豪、宋清如，踏著五四脈動成長，在之江大學因詩詞結緣。「新女性」宋清如，退掉包辦婚姻，也曾拒絕過朱生豪的求婚。作為「宋清如至上主義者」的朱生豪，在一九三三到一九四二年間孜孜不倦地給戀人寫信。他用乾淨俐落的現代白話，排滿文字巨陣，其間有無盡無休的青春情意蕩漾，也有對文學翻譯、好萊塢電影的討論，還常常摻入英文，以及他自己寫的英文詩、舊體詩。如果說明清以降的文士與青樓女子之間常靠贈答辭賦來升溫感情，情愫互許，那麼平日裡沉默寡言的朱生豪，當然也要顯出十八般武藝來表演文字，進入一場欲望的勾引、追逐遊戲。但更多的時候，他則是性之所至，讓靈魂浪漫地飛舞。他在信裡的落款五花八門，這些角色成了自我欲望的多重分身：不說誑的約翰、傷心的保羅、快樂的亨利、吃筆者（吃㾓者）、Lucifer（魔鬼）、唐吉岢德、羅馬教皇、照不到陽光見不到一張親切的臉的你的絕望的朋友、Julius Ceasar（莎劇人物凱撒）、波頓（《仲夏夜之夢》中丑角）、Poor Tom（狄更斯《聖誕歡歌》中的兒童），愛麗兒（《暴風驟雨》中的精靈），卡列班（《暴風驟雨》中的醜陋怪獸）等等。二十幾歲的朱生豪瘋狂閱讀當時商務出版的「現代書庫」、「人人書庫」，並於一九三六年春夏之際著手開始翻譯莎士比亞戲劇，視《羅密歐與茱麗葉》為愛情寶典。這一摞情書的有趣之處也在於它們同時揭示了支撐這位才子筆墨情趣、錯落有致的想像的文化來源、語境脈絡。他諧擬、套用翻譯的角色，將外來的典故、情節、感知，層層鑲嵌入往返反覆的情感交流中，穿插藏閃之際，呼應著自我情路的跌宕起落。這或許是他心追手摹的有意為之，也是長期浸潤其間的潛移默化。這個獨特的意識流文本正活生生地體現了現代愛情主體也是一個交織駁雜的翻譯的主體，文化的翻譯落實為自我文化行為的吸納、融會。在抒情、搞怪、發嗲之餘，他也不忘理性地討論愛情、婚姻、獨身、愛與妒的問題。以自由理念作為愛情的底色，朱生豪是一個以肉體為基礎的精神戀愛的推崇者，每每渴望在宋清如那裡構築自己靈魂的家園，「我願把我的靈魂浸入在你的靈魂裡」。超越了五四初期自哀自戀sentimental（感傷）美學，也與胡蘭成自命風流的調調不同，忙著搞翻譯、發愁看不起新電影的朱生豪，在他最最隱祕的私人寫作中體現對自由意志的強調，靈魂、精神之愛的張揚，近乎完美地詮釋了現代「戀愛」的形態。這位可愛的朱先生，在其身前最後一封情書裡寫道：

《湘行書簡》，收入一葦編，《沈從文精編散文》（桂林：灕江出版社，二〇〇二），頁一九五。該書本系「三三專利讀物」，在沈從文身後發表。白薇、李唯建，《雲鷗情書集》（杭州：海天出版社，一九九二；初版，上海神州國光社，一九三二），頁三九；徐志摩，《愛眉小札》（北京：人民文學出版社，一九八八；初版，良友圖書公司，一九三六），頁二七、五六等。白薇與楊騷，廬隱與李唯建，徐志摩與陸小曼的戀情都屬於五四之後的「公開的戀愛」，即在大眾視野下約會、相戀，當事人亦常在大眾媒介上宣示、探討愛情問題。其他著名的「情書集」有郁達夫，《達夫書簡：致王映霞》（天津：天津人民出版社，一九八二）；朱湘，《海外寄霓君》（上海：北新書局，一九三四）。

> 昨夜一夜天在聽著雨聲中度過，要是我們兩人一同在雨聲裡做夢，那境界是如何不同，或者一同在雨聲裡失眠，那也是何等有味。[14]

當這夜裡的雨，一滴一滴，滴在他的靈魂上時，翻譯家朱生豪也用他在不經意間留下的三百多封情書，悄悄完成了現代文學史上從風月尺牘到現代情書的質變。

吳盛青，香港科技大學人文學部副教授。

14《朱生豪情書》，頁三〇六—三〇七。後人將這句話刻在朱生豪與宋清如合葬墓碑上。

粉墨登場的五四新文化

李孝悌

一般我們的了解，五四新文化運動的影響，是以北大和新青年為中心，逐漸向中國的其他省縣、地方輻射出去，對各地的知識份子、大學生、中學生，產生影響。但在這個主流的啟蒙潮流之外，還有一個我們想像不到的餘波蕩漾，透過上海京劇舞台，對一般民眾產生影響。

上海新舞台創建於一九〇八年，是推動海派京劇的最主要據點。新舞台的創辦人夏月潤、夏月珊兄弟，從東京引進較先進的舞台技術，把新舞台建設成當時全中國最豪華、壯觀的新式劇場，將海派京劇的聲光色電之娛發揮到極致。在一九〇八至一九二七年間，新舞台推出了各種和現實政治、社會密切相關的改良新劇。其中，〈黑籍冤魂〉、〈新茶花〉、〈濟公活佛〉都是叫好又叫座的代表作。這些改良新戲，採用了當時最先進的機關布景和聲光、舞台效果，為上海觀眾提供了最新奇、刺激的耳目之娛。

在這幾齣新戲中，〈濟公活佛〉為新舞台帶來了鉅大的財富。這齣戲於一九一八年首映，在四年內，為新舞台賺進了八十萬元。如果以一元為平均票價計算，大約有一百萬上海市民看了這齣戲。[1]

諷刺的是，這齣以神怪為號召的暢銷新戲，和五四新文化運動所提倡的科學精神，正好站在完全的對立面。胡適曾以非常嘲諷的態度，批評梅蘭芳〈仙女散花〉一戲，如果他知道這齣同樣以佛教為背景，卻更加怪力亂神的戲，居然在戲中大力宣揚他提倡的「易卜生主義」，不知道他會不會啼笑皆非、火冒三丈呢？

新舞台搬演這齣新戲時，正逢五四新文化運動鬧得沸沸揚揚之際，對時代思潮有敏銳觸角的夏氏兄弟，當然可能為了宣傳之便，搭上新文化運動的便車。但如果我們知道夏氏兄弟及其姻親親身參與了辛亥革命，並在此後十幾年間，和孫中山領導的革命勢力有密切的關係，再加上他們一心致力於提升京劇演員的社會地位，對藉戲曲開民智的信念，深信不疑，那他們會及時地把胡適等人所提倡的理念挪用到濟公活佛的劇情中，也就不會讓人覺得完全是商業宣傳的手法了。

一九一八年，《新青年》五卷四號刊出「戲劇改良號」，傅斯年在其中發表了〈戲劇改革各面觀〉一文，對中國的舊戲（京劇）作了相當嚴厲的批判，認為中國戲劇「最是助長中國人淫殺的心理」。中國的社會和戲曲互為影響，互相加強，舊劇乃成為舊社會的最佳寫照和反應。[2]

在這篇文章發表近二年後，新舞台在〈濟公活佛〉第十五本的宣傳廣告上，發表了民間戲曲版的〈戲劇改革各面觀〉。廣告開頭，新舞台先將西洋和中國作了對比：「近代西洋的文藝界，皆承認『編演戲劇』是社會問題，因為『改造思想』和『灌輸文化』等運動，文字的力量是萬不及戲劇容易感動人心。所以劇本家與演藝家，在西洋社會上佔大的勢力。」「中國則不然，社會上向來把看戲當作一樁遊戲事情，所以中國舞台上演的戲劇，終以迎合社會心理為主。只要是社會上多數人所歡迎的戲，不管戲情有理無理，思想如何卑劣，總是算他好戲。」接下來的陳述，可以說完全是傅斯年的演繹版：「中國的戲劇界，是完全被社會所征服了。中國舞台上所演的卑劣、陳腐、黑暗、不講理的戲劇，適足以表示中國卑劣、陳腐、黑暗、不講演的社會。」〈濟公活佛〉所要作的，並不是迎合社會心理，而是要拿遷就社會的手段去征服社會：「換一句話，就是利用濟公活佛，拿極淺近的新思想，去改革社會上的『惡習慣』和『舊思想』」「他的思想，竟和近代的新文化吻合。」[3]

至此，新文化運動已賦予濟公活佛全新的生命。

事實上，在這個總結式的宣言之前，新舞台已經讓〈濟公活佛〉一片片段的折肢換骨，走

1 梅花館主，〈新舞台排演濟公活佛之前因後果〉，收入黃寬重、李孝悌、湯蔓媛、吳政上主編，《俗文學叢刊》一三三冊（台北：新文豐，二〇〇一），頁三八三。

2 《新青年》五卷四號，頁三二六。

3 《申報》，一九二〇年九月二十七日。

向新生。一九一八年四月，胡適在《新青年》四卷四號上發表〈建設的文學革命論〉一文。其中提到戲劇時，認為二千五百年前的希臘戲曲，一切結構的工夫，描寫的工夫，高出元曲何止十倍。莎士比亞不用說了，近六十年來，更出現了「問題戲、寄托戲、心理戲、諷刺戲等種種體裁」。

胡適這篇文章發表後不到兩年，新舞台立刻幫〈濟公活佛〉擦脂抹粉，換上當季的新裝，廣告的標題是：〈今夜活佛是「問題戲」〉：「西洋戲中有一種叫做『問題戲』，戲中演的情節，有關於政治的，或社會的，或家庭的」，「新舞台的六本濟公活佛，倒有幾個類似『問題戲』的問題」。這些問題包括：（一）國家不行強迫教育制度，兒童不受教育，長大時流為無業遊民，殺人越貨。（二）遺產制度，最足以養成兒孫的倚賴性，紈綺子弟，仗了祖先的遺產，終日浪蕩逍遙，不事生產。[4]傳統的家庭制度和孝道都是五四新文化運動抨擊不遺餘力的目標，新舞台假濟公活佛之口，抨擊傳統的遺產制度，正符合了新文化運動的精神。

從遺產制度開始，〈濟公活佛〉一劇陸續展開對婚姻制度和女性地位的討論，更進一步見證了新文化運動的影響。胡適在一九一八年《新青年》四卷六號上發表了〈易卜生主義〉一文。兩年後，在第八本〈濟公活佛〉的廣告中，新舞台首先表明要在這本戲中，討論女子的生活問題和中國的婚姻問題。緊接下來，廣告台詞幾乎等於是把胡適這篇文章的某些段落，全部照抄一篇：「中國的習慣，妻子向來是他丈夫的玩具，他丈夫喜歡什麼，他也該喜歡什麼，他自己是不許有什麼選擇的。他自己不用有思想，他丈夫會替他思想。」[5]

劇情發展到第十六本，達到高潮，我們的女主角在濟公活佛指點後，脫胎換骨，用上海娜拉的新面目，毅然決然地走向自己選擇的新道路：

十六本中有一位女郎，因為要保全貞節，和替丈夫報仇，犯了殺人的嫌疑，後來她丈夫做了大官，案子落在他的手中。她丈夫非但不肯原諒她的苦衷，還要痛罵她是殺人惡婦，反而將她定成死罪。後來事情明白，丈夫知道她是一位好女子，并且沒有壞他貞節，他又棄了後娶的妻子，再去求她，那女子看了這種極不堪的情形。後來經過活佛點化，「她忽然得了大解脫，立刻覺悟，她知道（一）恩愛莫如夫妻，他們還戴了一個假道德的面具遮著面孔。（二）妻子是丈夫的玩意兒，沒有什麼叫做人格，一旦失寵，她便是丈夫腳下的泥，永世不得翻身。（三）她又知道倚賴了丈夫，雖能享富貴過安逸日子，但是一生的運命，皆須聽命於丈夫，完全做丈夫的奴隸，因為世間只有奴隸的生活命不能自由選揀的，是不用負責任的。所以她拿定主意，要自己靠自己，要自己

4《申報》，一九二〇年三月一日。

5 胡適，〈易卜生主義〉，收入《胡適文存》卷一，頁六三。新舞台廣告見《申報》，一九二〇年三月三日。

作工賺錢養活自己，決意棄家遠去。後來她丈夫，尋到她的所在，想勸她回去。」

> 她對丈夫說道：你們說我棄了一品夫人不做，在此受苦，但是我覺得我自己十個指頭掙來的粗菜淡飯，比你家中供我的山珍海味，還要好吃，并且還容易消化些。[6]

放棄了一品夫人不做，在粗菜淡飯中找到自己獨立的人格和自由。這個充滿戲劇張力的情節和娜拉的絕決，一定對台下的廣大觀眾，帶來極大的衝擊，乃至啟蒙。五四新文化運動對一般民眾的影響，在此找到了最可能的渠道。

李孝悌，香港城市大學中國文化中心主任。

6《申報》，一九二〇年六月三十日。

靈感（煙士披里純）

王璞

民國八年、九年之交，在日本帝國大學九州分校，一位中國醫科生開始遭遇越來越頻繁的「詩興」襲擊。也許在課堂上，也許在解剖屍體的實驗室，也許在從校園回家途徑濱海松林的路上，他會像痙攣突然發作一樣感受到詩歌的「靈感」，必須趕緊抓筆寫下來。這位二十七歲的男生名叫郭開貞，那時，他已經開始使用筆名：沫若。

後來，郭沫若多次回憶起當時「茵士披里純（Inspiration）」的狀態。那是一種「不可遏抑的內在衝動，一種幾乎發狂的強烈的熱情」，他寫作〈鳳凰涅槃〉時，「全身發冷發抖，就好像中了寒熱病一樣，牙關只是震震地作響，心尖只是跳動得不安」。又有時，他就像一個「扶著乩筆的人一樣，寫起詩來。有時連寫都寫不及……」又有時，他感覺自己全身的「神經纖維」都像伸入夜空的樹枝一樣在顫慄。他強調，自己當時正處在「惠迭曼（Whitman）的影響」之下，這樣「靈感」的「發作期」持續了三、四個月，讓他創作出了後來收入《女神》之中的很多詩作，然後就消失了。而他所謂的「民八」，也就是一九一九年，五四運動全面展開的一年。用他後來的話說，「在『五四』之後我卻一時性地爆發了起來，真是像火山一樣爆發了起來」。

「靈感」是歐洲浪漫主義文學和美學轉向的一個標誌性概念。用亞布拉姆斯（M. H. Abrams）的說法，「靈感」在文學現代性中不斷上升的地位展示了詩歌從「再現世界」（「鏡」）到「自我表達和創造」（「燈」）的轉型。這一觀念在現代中國文學中的重大意義也是和五四新文化運動交織在一起的。尤其值得注意的是，正是通過對自己寫作體驗的回溯性（因而也是塑造性甚至不無虛構性）的描述，郭沫若這樣的五四詩人才為「靈感」提供了一種現象學意義上的證明。「假使所謂『茵士披里純』（Inspiration）的狀態就是這樣，我那時候要算是真是感受過些『茵士披里純』的了」。究竟是因為有了「茵士披里純」的理念，於是有了相關的「感受」，還是因為有了新的寫作體驗，於是產生了「茵士披里純」的概念，這很難說清。或許概念和感受本就互相生成。

更有趣的是，郭沫若對「靈感」的描述是高度身體化的，考慮到詩人的醫科背景，我們甚至可以說他提供了一份關於「靈感」的病理學報告。這種鮮明的身體性也正是「五四」新文化的又一特徵。類似於「靈感」的概念在新文化運動之前的中國並不鮮見，但卻少有這樣的生理學色彩。而要描述這樣的身體體驗，又必須動用一套醫科學的語言。在理解和感受身體這一新的文學任務中，「浪漫」和「科學」也似有聯姻。

最後，「靈感」的「一時性」又落回到「五四」這一關節點。概括起來說，新文學的寫作、身體體驗、概念生產和文化乃至歷史變革，於此形成了一種「共時」，一次「通感」。在我看來，這是「新文化」之為「新」的一個關鍵點，在這「靈感」爆發的意義上，民主、科學、個人、啟蒙、浪漫、解放等大主題和後設敘事都有了電擊般的互相應和，都有了身心的興奮點。儘管這種「靈感」爆發可能是一種意識形態幻象，但也足以證明新文化所具有的爆發力、開放性以及多重可能。

當然，「靈感」一說也帶來了新文學的自我神化。文學於是成了天才創造，成了「藝術之宮」，成了神祕的無功利性，甚至可以是一門宗教。「五四」時期重要的文學社團創造社以「創造」為名也非偶然，而是這一思路的彰顯。同樣，五四人士偏愛音譯，譯「inspiration」為「煙士披里純」，也有一種新話語生產之際難以避免的故弄玄虛的效果。胡適在著名的〈逼上梁山〉一文中，就提到友人贈詩，用「煙士披里純」之語，來戲謔文學革命。除了創造社之外，另一批浪漫主義者也崇拜著「想像力」和「靈感」，並以這些概念作為自己的新語言。徐志摩的詩可謂明證：

你的紅爐是「印曼桀乃欣」，
永生的火焰「煙士披里純」……

對於這種「天才創造」的迷信，魯迅先生頗有保留意見；對於音譯的話語生產術，他更加以諷刺。在和陳西瀅等人的論爭中，魯迅說自己的文章都是擠出來的，和「煙士披離純」無關，把「靈感」的權利留給了所謂「有些天才」。到了他的晚期雜文，對「煙士披里純」的戲謔還是不止一次地出現。比如，批評「第三種人」時，魯迅反駁「批評扼殺天才」的說法，就又開了「靈感」的玩笑：「我僅僅有了一點『煙士披離純』，是套羅蘭夫人的腔調的：『批評，批評，世間多少作家，借汝之罵以存！』」當「靈感」這一火爆於五四新文學的概念—體驗屢遭濫用，淪為又一重俗套時，它的確就不再具有生產性和批判性了。「五四」已經快過去一百年了，「靈感」一詞早化入了現當代中國人的語言和認知。至少，我們已經不再使用它的音譯「煙士披里純」，不知這一點是否能給魯迅先生以微末的安慰。

王璞，布蘭戴斯大學東亞系助理教授。

文化，思想，歷史——

五四@100

MAY FOURTH @ 100

愛恨糾纏的那個日本

——對「五四」之前的一個觀察

葛兆光

一

五四運動的前六年，一九一三年，袁世凱當政。

這一年，《東方雜誌》和《獨立週報》兩大刊物同時用好幾期的篇幅，連載分別由吳濤和逐微翻譯的浮田和民《中國之將來》。在《中國之將來》中，這個在近代中國影響很大的日本學者，對中華民國的未來相當懷疑，覺得袁世凱政府不僅不是共和制度，而且也沒有中等社會的制約，所以這個獨裁君主式的人有沒有能力統治好中國本部十八省就有疑問，更不要說「保全十八省以外之屬地」。

他說，現在蒙古在俄國支持下已經宣告獨立，西藏得到英國保護，要求中國政府「永不得干涉其內政，（中國）徒擁宗主國之虛名而已」，而滿洲更是全部成為「外部之勢力，非復屬於支那者矣」。思來想去，他覺得「改革支那之第一要義，當先削其領土，減少人口」。當然，「欲分割其本部，斷斷乎有所不能」，看來可以瓜分治理的就是十八省之外，也就是滿蒙回藏區域[1]。

這個說法不是浮田和民一個人的私見，也不是民國之後日本人才有的新策，如果看同時代的酒卷貞一郎的《支那分割論》（一九一三）、內藤湖南《支那論》（一九一四），就明白這幾乎是日本政界和學界的共識。如果我們再把時間上推到晚清，就可以看到一八九四年甲午戰爭的失敗和一八九五年馬關條約的簽訂，原本中國心目中的蕞爾小邦打敗堂堂的天朝上國使大清簽訂城下之盟，是整個中國思想巨變的關節點，也是中國人重新思考中國未來的新起點。而此後幾年裡有關未來中國命運之大討論中，最讓中國知識人震動的文字，就是日本人尾崎行雄（一八五八—一九五四）的《支那處分案》和有賀長雄（一八六〇—一九二一）的《支那保全策》[2]。這兩篇文章把日本對中國的兩種策略，以及中國面臨嚴峻的生死存亡問題，坦率地放在所有中國知識人的面前。

特別是一八九九年一月三十一日《亞東時報》第五號發表「飛天道人」翻譯的有賀長雄的〈支那保全論〉，這篇原來發表在日本《外交時報》上的文章，一開頭就是這個問題：中國應當被「保全」，還是被「瓜分」[3]？

二

如果查看晚清民初報刊，就會發現一個特別現象，就是這兩篇文章，在若干年裡，不斷地被中國知識人提起，可見它們給中國人心中留下的刻痕之深。不過在晚清那些年中，似乎變法圖存，也就是維護帝國之存在更重要，國土分割即捍衛統一疆域，似乎還不那麼緊迫，因此，「尋求自強」優先於「保全國土」。在一些人心中眼裡，某些邊疆地區的主權和邊緣族群的歸

---

1 浮田和民，《中國之將來》（原題《支那之將來》），逐微譯，《獨立週報》一六—一八期連載（一九一三），這段話見於一八期，頁四〇。

2 這篇文章或類似內容的演講，都曾被翻譯和刊載多次，可見中國關注者之多。除了正文中列舉的之外，還有如演講〈支那滅亡論〉，載《清議報》七五—七六冊（一九〇一年十一月二日），以及單行本《併吞中國策》（王建善譯〔上海：開明書店，一九〇三〕）。《支那滅亡論》卷首有譯者按語，痛心疾首地指出，尾崎行雄是主張分割中國的人，但是他指出中國的病根，卻「殊足發我國人之深省，語曰：知病是藥，憂國者當可以察受病之根，而求下藥之法」。

3 〈支那保全論〉也影響極大，也被多次翻譯和刊載，此後數年還刊載於《外交報》二九期（一九〇二年十一月十四日）、《經世文潮》四期（一九〇三年八月止日）等等。由於有賀長雄參與中國政治極深，他曾經擔任過袁世凱的顧問，所以，他對於中國的觀點，在日本政界影響也極大。

屬，似乎並不是「核心利益」。一八九四年，憂心於國勢的譚嗣同就建議把新疆賣給俄羅斯，把西藏賣給英吉利，「以二境方數萬里之大，我之力終不能守，徒為我之累贅」[4]；一八九八年，就連捍衛大清帝國疆土最賣力的康有為也覺得如果推行新政缺錢，不妨把西藏賣給英國，「可得善價供新政用」[5]。可是，一九一一年以後的中華民國畢竟不同。辛亥革命不是一姓換了一姓，而是新桃換了舊符，它是按照共和制度建立的現代國家即主權國家。儘管孫中山為了爭取日本支持，也曾試圖拿某些主權和利益作交換[6]。但畢竟中華民國肇建以來，無論是革命派還是保守派，都同意「五族共和」，都希望維持大清帝國的疆域和族群[7]。在共和國家剛剛建立時，就像晚清割讓臺灣那樣把領土割出去，被列強特別是日本撕裂，這是數億國民尤其是知識人絕不可能接受的。

然而，儘管民國建立，但日本對於滿蒙回藏卻虎視眈眈，始終不視之為中華民國之疆土。中島端〈支那分割之運命駁議〉、小寺謙吉〈併吞中國論〉、川島浪速〈併吞中國書〉等文章在中國被翻譯出來，更加激怒了中國知識人。而報刊上反覆出現這樣扎眼的消息，更刺激著中國知識人的神經：「日人之蒙古視察」（一九一三）、「日人熱心研究滿蒙」（一九一三）、「日人之我國經營蒙古觀」（一九一五）、「日本擬設置滿蒙領事館」（一九一六）、「日人謀我滿蒙之感言」（一九一六）、「日本拓殖滿蒙之新計畫」。

「五四」雖然發生在一九一九年，對國族的焦慮心情，卻在此前幾年就逐漸醞釀成熟。

三

但是，如何維持五族共和？如何捍衛領土主權？很多中國的政治家和知識人卻沒有想清楚。

4　譚嗣同，〈上歐陽中鵠書〉：「試為今之時勢籌之，已割之地不必論矣。益當盡賣新疆於俄羅斯，盡賣西藏於英吉利，以償清二萬萬之欠款。以二境方數萬里之大，我之力終不能守，徒為我之累贅，而賣之則不止值二萬萬，仍可多取以為變法之用，兼請英俄保護中國十年……費若不足，則滿洲、蒙古緣邊之地皆可賣，統計所賣之地之值，當近十萬萬，蓋新疆一省之地已不下二萬萬方里，以至賤之價，每方里亦當賣銀五兩，是新疆已應得十萬萬，而吾情願少得價者，以為十年保護之資也。」見《譚嗣同全集（增訂本）》（蔡尚思等編〔北京：中華書局，一九九八〕，頁一六一—一六二。

5　夏孫桐在〈書孫文正公事〉中記載，孫家鼐曾問康有為新政的費用怎麼辦。康有為回答說，把西藏賣給英國，「可得善價供新政用」。在康有為的《日本變政考》中，他也用庫頁島（樺太島）和阿拉斯加為例，建議出售國土以籌新政資金。

6　孫中山，〈致日本首相大隈重信勸助中國革命函〉（一九一四年五月十一日）提出：「今日日本宜助支那革新，以救東亞危局，而支那之報酬則開放全國市場，以惠日本工商。」轉引自王芸生，《六十年來中國與日本》。

7　內藤湖南《支那論》曾指出，中國現在提倡「五族共和」，但還只是維持過去領土的一個保守主張，並非中華民族圖發展的積極理念。

從一九一三年之後，南北和議、袁氏竊國、青島事件、二十一條，一連串的事件發生。似乎恰恰是日本的這一類刺激，才使得人們開始關注這個既是政治又是學術的問題，即「中國」究竟應當有多大的疆域，「中華民族」究竟應當包括多少族群？

日本學者說，中國只是「中國本部」，中國本部就是在長城以南，滿蒙回藏都不在其中。日本輿論覺得中國保全十八省就算不錯，那些滿蒙回藏之地最好不要多管。這類日本看法，被翻譯成中文在中國報刊上發表，提醒了中國國民，也刺痛了中國知識人，而一九一五年的「二十一條」，更激怒了中國民眾。青年毛澤東在和友人通信中就說，中國「以縱橫萬里而屈於三島（指日本），民數號四萬萬而對此三千萬為之奴，滿蒙去而北邊動，胡馬駸駸然入中原」。這段話大概很反映當時中國知識界的心病。心病來自日本的虎視眈眈，醫治這個心病的藥方，卻也和日本的啟迪相關。

四

前面說到，在重建「中國」和「中華民族」的過程中，有關「滿蒙回藏苗」等民族和邊疆問題逐漸凸顯。

所謂「五族共和」的中國，究竟算不算所謂的「民族國家」也就是當時國際流行的「一個民族一個國家」？如果中國僅僅等於「中國本部」，中華民族僅僅等於「漢族」，每個民族都有「自決權」，則滿蒙回藏等族群和疆土則將有分離出去的理由。所以民國肇建的幾年裡，吳貫因、李大釗、孫中山都建議，不分滿蒙回藏漢，「凡是籍隸於中華民國之人，皆為新中華民族」。可問題的另一面是，大清帝國兩三百年間的擴張，已經成了一個龐大帝國，理藩院、盛京將軍和六部分別管轄的區域與族群，又實在太複雜，只要看看乾隆盛世所繪《皇清職貢圖》，就明白帝國內的區域與族群差異性有多大。中華民國推翻大清帝國，把帝制中國改造成亞洲第一個共和制國家，可是如果原封不動地繼承原有疆域和族群，則必須從「帝國」到「現代國家」、從「臣民」到「國民」，從「差異性統治」到「同一性管理」，有一個根本的轉化。

然而，這說起來容易，族群差異和文化認同畢竟有不同，民族並不是說同化就同化的，語言、風俗、歷史淵源和文化認同畢竟不同。那麼，回到帝制時代那種分別治理之策嗎？恐怕也行不通。在一九一九年五四之前的那些年，日本人對袁世凱的「國體變更」十分關注，他們覺得中國真怪，「四年以來，既定國體為共和，今乃復昌言帝制」，他們看到袁世凱「多授予滿蒙王公以勳章，又漸唱五等封爵之制」，可是那不是現代國家[8]。國內也有人就對「五族共和」這個說法提出異議，為什麼新的共和國一定要把眾多族群合為一體？還有人提出了新問題，為

8 東京・飄萍，〈日人所謂變更國體之裡面〉，《申報》，一九一五年九月七日，第三版。

什麼中華民族裡是五族而不是六族？一九一七年，申悅廬〈中華民族特性論〉就說「五族共和」不正確，「蓋就中華民族而言，實有漢滿蒙回藏苗六族」[9]，同一年，夏德渥撰寫的〈中華六族同胞考說〉也建議，在漢、藏、蒙、滿、回之外，加上「苗」，統稱為「華族」。

可是，民國之初的政治家和思想家們大都是漢族，而關注也只在核心區域，他們對滿蒙回藏苗有認識嗎？他們真的了解這些過去被視為蠻夷的族群嗎？這些中國之邊緣的族群，究竟能否認同中華民國並使它維持一統呢？

五

學術取向總是和政治狀況相關。

陳寅恪說過，「自古世局之轉移，往往起於前人一時學術取向之細微」[10]。這話也可以反過來說，學術之轉移，也常常來自世局之變遷。原本，對於滿蒙回藏苗的研究，漢族為主的中國學者並不甚措意，有關邊疆或民族領域學術研究，也多從日本轉手引進。儘管嘉道以來也有所謂「西北史地之學」和「蒙元史重編」等學術取向，但坦率地說，大多有關邊疆民族問題的關注不僅是被日本野心刺激出來的，對邊疆民族的知識，也往往是從日本轉手引進的。

譚汝謙曾經統計過中國翻譯日本著作的數量[11]，指出晚清到民國之間，新知識和新思想往往轉手來自日本，所以，我才說那個時代「西潮卻自東瀛來」。一九一九年前，有關滿蒙回藏苗的著作，大都來自日本學界。一九一〇年一月七日，《申報》發表一篇「時評」，題目是〈日本人而竟研究中國乎〉，其實日本人研究中國，中國早就知道，用了這個題目，還加上「而竟」二字，不免故作驚訝，文章對學者服部宇之吉和外務省官員阿部守太郎建立「支那研究會」，「一時海陸軍人、新聞記者、學者、實業家等從風響應」，表示「不可解」，並說，「中國者，吾人之中國也，乃中國人不自研究，而必待日本人集會研究，抑獨何也」[12]。可是這是現實。中國學界反而只能借助和翻譯他們的研究，那個時代，考察苗疆有鳥居龍藏的《苗族調查報告》（一九〇三），研究西藏有河口慧海的《西藏三年》（一九〇九），討論滿洲有鳥居龍藏的《滿洲人種考》（一九一〇），研究蒙古有河野原三的《蒙古史》（一九一一）和矢野

9 申悅廬，〈中華民族特性論〉，原載《宗聖學報》二卷八期（一九一七年十二月），頁一四。申氏這篇文章，在一九四三年重新發表在《東方雜誌》三九卷一九期，頁二四。

10 陳寅恪，〈朱延豐突厥通考序〉，《寒柳堂集》（陳寅恪文集〔北京：生活・讀書・新知・三聯書店，二〇〇一〕），頁一六三。

11 譚汝謙主編，實藤惠秀監修，《中國譯日本書綜合目錄》（香港：中文大學出版社，一九八〇）。

12《申報》，一九一〇年一月七日，第一張第五版「時評」。

仁一的《蒙古問題》（一九一六）[13]。

日本學界對四裔的研究刺激了中國學界。順便可以一提的是，一九一七年，《新青年》三卷三期，特別發表以治中國四裔之學見長的桑原騭藏〈中國學研究者的任務〉，這篇文章給了正在回國途中的胡適很大的啟迪[14]。

六

雖然，如今都把五四叫作「新文化運動」，也更重視五四對「啟蒙」的意義，但一九一九年「五四」那場運動的直接刺激和現實緣起，畢竟還是針對國土分裂，尤其是「二十一條」[15]，應當說它是國族危亡刺激下的救亡運動，而日本因素在這裡起了非常大的作用。

這裡順便說一下，我仍然覺得，把「救亡」和「啟蒙」看成是近代中國史的兩大主線，雖然不免簡單卻沒有大錯。現在回頭看，五四運動就是「救亡」和「啟蒙」兩大主題的交織，李澤厚在〈啟蒙與救亡的雙重變奏〉中早就說過，五四是「啟蒙性的新文化運動開展不久，就碰上了救亡性的反帝政治運動，二者很快合流在一起了」[16]。只是後來對「五四」的各種研究著作中，討論「啟蒙」意義的多，而討論「救亡」影響的少，講它激起的新文化新思想的多，講它刺激的國家與族群意識的少。

葛兆光，上海復旦大學文史研究院及歷史系特聘資深教授。

---

13 僅僅以《東方雜誌》為例，九卷九號（一九一三）翻譯日本的〈蒙古風俗談〉、〈雲南土司一覽〉；一〇卷七號（一九一四年一月）有章錫琛翻譯日本雜誌的〈中俄對蒙古之成敗〉；一〇卷一二號（一九一四年六月），有許家慶翻譯井上禧之助的〈滿洲之石炭〉；一三卷三號（一九一六年三月）有病驥譯〈日僧入藏取經記〉（即河口慧海之事）；一四卷七號（一九一七年七月）就有君實翻譯日人的〈中國之喇嘛教與回回教〉和〈西藏語之特徵〉。

14 桑原騭藏著，J. H. C生譯，〈中國學研究者的任務〉，《新青年》三卷三期，頁一——一二。胡適閱讀之後的反應，見《胡適日記全編》冊二，頁六一四。

15 所以，五四時期的「北京學界全體宣言」強調的是，「中國的領土破壞，中國就亡了」，「中國的土地可以征服而不可以斷送」。

16 李澤厚，〈啟蒙與救亡的雙重變奏〉，《現代中國思想史論》（北京：東方出版社，一九八七），頁一三。

希臘的陽光

陳婧祾

一九六〇年代初，周作人寫《知堂回想錄》，提及當年「思想革命」時自己寫的第一篇白話文，是翻譯古希臘詩人諦阿克列多思（Theokritos）的一首牧歌，並全文抄錄為翻譯加添的題記。周作人文抄公，抄自己的文章不稀奇，稀奇的是，隔了六七章再提〈人的文學〉，卻一筆帶過，只抄陳獨秀回信裡一句讚譽爾後更多約稿，便算了事。五四時代，知堂以〈人的文學〉獲盛名、成為一時標竿，時隔近半個世紀，卻厚此薄彼如是！

諦阿克列多思來自西西里，是公元前三世紀亞歷山大城內的著名詩人，以荷馬的韻律紀錄南方島嶼上農人牧民的愛恨悲歡。周作人提到的《新青年》上這首〈古詩今譯〉（諦阿克列多思牧歌第十首）敘述的就是兩個割稻人關於愛情和勞作的對話：害了相思病的一個唱起給心愛姑娘的戀曲，而他的同伴則報以一首勞作之歌，向地母祈願「多果子多五穀；願田稻成熟，百果長得多呵」，並指出「太陽底下作工的人，應該唱這樣的歌才是」。周氏那時的翻譯，基於英國古典學家Andrew Lang的英譯本。Lang在給這首詩的簡介中喟嘆這樣的旋律「當是諦阿克列多思會在田野上聽人唱誦的」。Lang把這位詩人稱為「自然的學生」，西西里陽光燦爛的山坡、海洋、牧人／歌人給了他詩的訓練，讓他的詩歌陽光肆溢，充滿熠熠生輝的喜悅。

在周作人的創作年譜上，希臘文學的譯介並不始於諦阿克列多思的這首牧歌。一九一四年他就撰文介紹希臘女詩人薩福。在〈古詩今譯〉之前，也曾用文言文譯過諦阿克列多思的作品。周氏改用現代漢語，始自這首牧歌，也許多少帶有偶然。不過，寫回憶錄的時候，他著眼當年的翻譯，也並不以語言為重。前文已經提到，這是為了「思想革命」：「光只是『文學革命』實在不夠，雖然表現的文字改革自然是聯帶的應當做到的事，不過不是主要的目的罷了。」可是，這首古代希臘的牧歌如何致力於現代中國「思想革命」，目的又是什麼？

回到一九一七至一八年〈古詩今譯〉寫作和發表的現場，我們今天理解的現代中國文學或文化尚在萌芽之中。當《新青年》群體的知識分子展開新文化運動，就必得仰仗各自過去的教養和經驗。個人的意趣與對現實的考量鑄成對新文學的憧憬，而彼此訴求的碰撞、融合，最初助力於這一傳統的成形。諦阿克列多思作為周作人進入這場思想革命和文學革命的切點，知堂即在現代中國傳統的根基處，手植——用他自己的說法——一顆希臘的「根芽」。這根芽當時種下，於己於彼或者並不見端倪；然而知堂回顧人生之時，已成其一生事業追求，意義成失都了然於心。

一九三二年周作人出版《希臘擬曲》，這是他在民國時代最主要的希臘文學翻譯作品，從希臘原文翻出海羅達思（Herodas）擬曲七篇和諦阿克列多思牧歌五篇。周自稱這小冊子是為了不使學習希臘文的功課白費，卻又畏於雅典時代的大師。這般遁詞之下，諦阿克列多思的語言其實是出了名的艱深，而海羅達思成為最早可在漢語中閱讀的希臘作者之一，殊為矚目——其人其作，事實上直到不久前一八九〇年才在埃及的一次考古發現之後為現代讀者知曉。但周作人自有不可不翻譯的理由。海羅達思同樣是亞歷山大時代的作家，擬曲為其招牌文體，原是專門模擬下層人物對白的單口表演，當然我們今天能讀到的不過是已經失去了生色的文字稿。在知堂看來，生當頹廢時代，來自另一個頹廢時代的作品，實在更適合。在《擬曲》的序言裡，他還提名了同是希臘興盛時代之後的路吉亞諾思（Lucian，周氏後來用譯名路吉阿諾斯）和朗戈斯（Longus）為心儀之作。朗戈斯有《達夫尼斯與赫洛蕊》（*Daphnis and Chloe*）傳世，講述Lesbos島上天地四時的變化和少男少女的純真愛情，譯文集《陀螺》收有他翻譯的片段。路吉阿諾斯以人性寫神，嬉笑怒罵間描摹人間百態與俗世魅力，周氏與他的緣分貫穿五十餘年，後在一九六〇年代初完成主要作品十七篇的翻譯，並在遺囑中慎重表示這個翻譯是其一生文字唯一應被重視的。此一偏重，與回想錄對〈古詩今譯〉同出一轍。而一路的偏重背後，是周作人為現代中國移植希臘根芽的真正用心。

以這四位頹廢時代的作家為代表的希臘文學，在周作人的討論裡，惠及今世希臘人。我們還記得，不到二十年前，梁啟超借希臘悲中國，薩福故土成為土耳其一省，中國則敗於日本，嘆息古典文明的墮落可如此，一時拜倫「哀希臘」之曲餘音不絕。但是，周提醒我們，二十世紀的希臘畢竟從其殖民的歷史中走了出來，那麼希臘人是怎麼做到的呢？因為「希臘人有一種特性，也是從先代遺留下來的，是熱烈的求生的慾望。他不是只求苟延殘喘的活命，乃是希求美的健全的充實的生活」（〈新希臘與中國〉），這樣的現世主義定義了周作人心目中「希臘民族的真精神」。就如其解釋 ὁρᾶν ἡλίον，這短語可追源到荷馬，直譯作「看見陽光」，「意思即是生存在世上。這裡很可以看出希臘古代的現世主義來。他們尊重這現實的生活，只在有這肉眼看見著陽光的時候，才算真是生存著」（〈《希波呂托斯》注解〉）。陽光穿越千年，在現代希臘作家如靄夫達利阿諦思（Argyris Ephtalictis）的作品中依然透出溫暖和生機。而這樣的現世主義，恐怕也沒有比——如諦阿克列多思的牧歌所唱——陽光下的愛情，尤其陽光下的勞作，更為有力的表達。

周作人一生的很多追求，大概都可以從這種現世主義出發得到解釋。比如，他在五四之前就開始收集兒歌、民間故事，一九二〇年代發起歌謠研究會，身體力行提倡民俗研究，要「望一望這凡俗的人世，看這上邊有些什麼人，是怎麼想」，注意一下如「河水鬼的信仰以及有這信仰的人」（〈水裡的東西〉）。周氏自陳這是對「野蠻」的興趣，無論這野蠻屬於人類的幼年，民間的生活，抑或文明的初始。五四將領提倡新文化，發願於對已經毀壞的古典文學的不滿。周氏在王綱解紐、禮崩樂壞之時談野蠻，則真應了所謂「禮失求諸野」，意想從文明的邊緣重新尋找一個古舊的傳統在「頹廢時代」——我們也可說「後古典時代」——的生機。事實上，在民歌童謠與古典文明，希臘影響與中國現實之間，有著傳統與當下、民間與菁英、國族與普世的複雜糾纏，難以在此展開。但可以說明的是，這一希臘的根芽切切實實在知堂的思想中盤根錯節，反過來也成為他一以貫之的理想。希臘的陽光隨著路吉阿諾斯，也將照亮他日後黯淡的人生。

火燒趙家樓那天，周作人並不在北京，他正攜家帶口往日本探親訪問。國內的形勢使他迅速回國兩月，也使他必須對發生的事情表態。他談日本見聞、中日關係，在文章最後談到日本國民性，提及日本農夫勞作的美，突然話鋒一轉，也談起中國的農民。說起國民性，那時候魯迅正在寫魯鎮的故事，痛心重重桎梏下愚昧麻木的中國人，吶喊啟蒙；周作人卻寫道：

> 我在江浙走路，在車窗裡望見男女耕耘的情形，時常生一種感慨，覺得中國的生機還未滅近，就只在這一班「四等貧民」中間。（〈遊日本雜感〉）

適時一九一九年，五四正當時。

陳婧祾，伊利諾大學香檳分校東亞語言文化系助理教授。

兩個「狂飆」中的莎士比亞

傅光明

由尼克・格魯姆《圖識莎士比亞》（*Shakespeare: A Graphic Guide*）小冊子中的一小段話——「這就是為什麼歌德和德國浪漫派作家把莎士比亞納入擺脫了古典主義束縛、且和土地有著緊密聯繫的哥德式作家的行列，並在十八世紀末把他如此迅速吸收進日耳曼文化的原因」——想到這個題目。

簡言之，這便是德國「狂飆」中的莎士比亞了，如萊辛所言：「以莎士比亞為代表的英國戲劇把人們從法國人自欺欺人的睡夢中喚醒，大家終於體驗到，戲劇還可產生一種不同於高乃依和拉辛的效果。」

可以說，是莎士比亞戲劇開啟了德國人的「狂飆突進」運動。之所以如此，又正應了歌德在莎士比亞紀念日上的那篇著名講話：「當我讀到他（莎士比亞）第一部戲時，我的一生就屬於他了！……覺得自己好像一個先天的盲人站在那兒，在此一瞬間雙目被一隻神奇的手賦予了視力。我看到，我感到，我的存在以最鮮活的方式被無限擴大了。……莎士比亞，我的朋友啊！假如你還活在我們當中，我只願和你生活在一起。……莎劇是個美妙的萬花筒，在裡面，世界的歷史由一個無形的時間線索串起來，從我們眼前掠過。」

德國啟蒙文學的兩大旗手歌德、席勒由「狂飆」開始登上文壇，歌德的《鐵手騎士葛茲・馮・伯里欣根》和席勒的《陰謀與愛情》成為「狂飆」的戲劇代表作。同時，不僅歌德的愛情小說《少年維特之煩惱》可算作「狂飆」的產物，還可以說，之後威瑪的黃金時代也由此而來。

對於歌德，這是一個「永遠的莎士比亞」！

格魯姆不無調侃地說：「莎士比亞在德國得到如此深刻的認同，以至於『一戰』期間被用來做反英宣傳。」言外之意，德國人可以在需要莎士比亞的時候把他變成德國人。

在這一點上，美國詩人愛默生在其一八五〇年出版的一本演講集《代表人物》（*Representative Men*）中，提到一個頗值得玩味的現象，即在莎士比亞生活和創作的女王伊麗莎白一世時代，英才雲集，詩人輩出，但他們卻未能以自己的天才發現世上那個最有才華之人——莎士比亞。在他死後一個世紀，才有人猜測他是這個世界上最有才華的詩人，等又過了一個世紀，才出現對他稱得上夠水準、夠分量的評論。由於他（莎士比亞）是德國文學之父，此前不可能有人寫莎士比亞歷史。德國文學的迅速發展與萊辛把莎士比亞介紹給德國，與維蘭德和施萊格爾把莎劇譯成德文密切相關。進入十九世紀，這個時代愛思考的精神很像活著的哈姆雷特，於是，哈姆雷特的悲劇開始擁有眾多好奇的讀者，文學和哲學開始莎士比亞化。他的思想達到了迄今我們無法超越的極限。

對於愛默生，「莎士比亞是獨一無二的」。

很可惜，五四「狂飆」新文化運動的旗手胡適不這樣看！

從胡適日記發現，儘管他在留美期間讀過不少莎劇，如《羅密歐與朱麗葉》、《威尼斯商人》、《亨利四世》、《亨利五世》、《哈姆雷特》、《李爾王》、《馬克白》等；也看過莎戲，如一九一五年五月他看了《哈姆雷特》演出。但顯然，在他眼裡，這個復仇的憂鬱王子對於政局危急的多難國家沒啥功用，因「王子之大病在於寡斷」；朱麗葉、波西亞、薇奧拉、奧利維亞、艾米莉亞這些莎劇裡光彩照人的女性形象，不如易卜生筆下的娜拉對於中國女性的現狀更為實用。因此，他對自己把看戲當消遣「念之幾慾愧汗」。

待胡適一九一七年回到國內，便很自然地相中了易卜生寫實主義的社會問題劇——《玩偶之家》（《娜拉》）、《群鬼》、《人民公敵》（《國民公敵》）。一九一八年六月，胡適等人在《新青年》四期推出「易卜生專號」，他自己則以一篇〈易卜生主義〉開始掀起五四「狂飆」的序幕：「易卜生把家庭、社會的實在情形都寫出來，叫人看了動心，叫人看了覺得我們的家庭、社會原來如此黑暗腐敗，叫人看了覺得家庭、社會真正不得不維新革命：——這就是易卜生主義。」

事實上，從青年知識分子反抗封建專制，急於擺脫傳統偏見的束縛，倡導啟蒙思想，主張個性解放，喚醒民族意識等各方面的初衷來看，十八世紀末的德式「狂飆」和二十世紀初的中式「狂飆」，並無本質不同。而結果，德國從「狂飆」的那一刻起，莎士比亞的血液便注入了德國文學，我們的「狂飆」卻與莎士比亞失之交臂。

及至一九二一年「狂飆」落潮，可愛的適之先生依然對莎士比亞瞧不上眼：「但在今日平心而論，蕭士比亞（莎士比亞）實多不能滿人意的地方，實遠不如近代的戲劇家。……他那幾本『最大』的哀劇，其實只當得近世的平常『刺激劇』（Melodrama）。如「Othello」（《奧賽羅》）一本，近代的大家決不做這樣的丑戲！」又如那舉世欽仰的『Hamlet』（《哈姆雷特》），我實在看不出什麼好處來！Hamlet真是一個大傻子！」

於是，五四文學中有了對社會問題的諸多揭露，缺了「一個傻子」對生與死的叩問；多了易卜生式的人道主義，少了莎士比亞式的人文理想。

英國的文藝復興由戲劇始，德國的「狂飆」始自戲劇，五四「狂飆」文學的原點又何嘗不可以從春柳社算起。或許可以這樣想，莎士比亞戲劇是英國文藝復興的巔峰，德國的歌德們由莎士比亞戲劇開啟了德國的啟蒙文學，而胡適們卻以易卜生主義喚起了「中國的文藝復興」。

不過，我們的確在五四「狂飆」的歷史時刻，錯過了莎士比亞！

錯過，與沒錯過，會有什麼不同嗎？我說不清，歷史向來不認可假設。

只是，那時我們的「狂飆」就被叫作「中國的文藝復興」，但今天的我們似乎仍面臨著「啟蒙」。

傅光明，中國現代文學館研究員。

被轉述的俄羅斯文學

馬筱璐

一八八三年，日本譯者高須治助出版了他翻譯的俄國作家普希金的小說《露國奇聞：花心蝶思錄》，即《上尉的女兒》（Капитанская дочка）。為了讓當時的日本讀者對書中描寫場景有更加直觀的了解，譯作配了不少插圖。其中小說頁七九的插圖描寫的是俄國女沙皇葉卡捷琳娜女皇與小說女主人公見面的場景。且不論插圖說明中，小說女主人公的俄文名字瑪莎（Маша）為更加英文腔的瑪麗（マリー）所替代，使得不知情節的讀者以為插圖描繪了女沙皇會見外國貴婦的場景；更令人匪夷所思的是所謂的俄國「宮內上苑」之中竟然種植多株椰樹，與兩位女性人物身上華麗繁複的厚重衣裙形成了鮮明對比。俄國的首都由彼得大帝之時起，已移至比莫斯科更為寒冷的聖彼得堡，即使是滿布噴泉供皇室消夏之用的夏宮（Петергоф）亦不曾種植適合熱帶生長的椰樹。譯本僅僅交代了譯者和編輯服部撫松的姓名，我們如今已無法知曉配上插圖的人究竟是誰。高須治助在用中文古文文法寫就的前言中聲稱：「而我訳專存原書之意，不敢濫加削，又敢不加粉飾」，然而僅僅是書中的插圖便已經顯出當時日本譯界對俄羅斯的地理知之甚少。

不知曉俄羅斯詳情的日本讀者將充滿鴛蝴氣息的小說標題連同插圖中的椰樹全盤接受，但譯本的流傳並未止於日本本土。一九〇三年，中國譯者戢翼翬將日文版譯成中文，取了一八八六年日文版再版時修改的題目，《俄國情史：斯密士瑪利傳》（日文版：《露国情史：スミスマリー之伝》）。雖然中文版並未將帶有椰樹的插畫放入其中，然而保留了主人公的英文姓名——斯密士、瑪利——以及其他日文譯本中所有「豪傑譯」導致的大肆修改。普希金這一小說在中國的初次亮相，已然改頭換面成了一個「英國騎士」在種植熱帶樹木的俄國土地上叱咤風雲的奇幻故事。

這一部由日文轉譯的小說，乃是中國本土最早出現的俄國小說之一。而普希金這一小說的轉譯歷程，可謂二十世紀初俄羅斯文學在中國土地上流傳的縮影。俄羅斯文學在很長時間內都是一個「被轉述」的存在。雖然中日都經歷了閉關鎖國，但清朝政府比幕府更早接觸到俄羅斯人，也更早設立俄文翻譯。可惜的是，滿清從來未對俄羅斯表現出很大的興趣。所謂「西學東漸」之「西」，其實不過涵蓋了重要的西歐國家而已。而中國文人直至清末也未曾將俄羅斯文化作為西方文明的風向標來考量。當十九世紀末日本對俄羅斯文學的討論進行得如火如荼之時，俄羅斯作家的姓名只零星地出現在中國報章之上，更遑論對作家的深入分析。

中國第一次注意到俄羅斯文學的歷史契機要歸功於日俄戰爭。出於對敵手的關注，日本報刊雜誌對俄羅斯的一切——包括俄羅斯文學——競相報導。包括魯迅在內在日本留學的中國學生由此意識到了俄羅斯文化文學的獨到之處。而中國最早對俄羅斯文學的介紹也大量自日本傳入中國。從此時起，中國對俄羅斯的了解便並非純粹，而是雜糅了其他文化對俄羅斯文化的解讀。

引起中國人對俄羅斯文學強烈關注的第二個歷史契機乃是十月革命。雖然十月革命之後的一兩年內，中國國內對革命的質疑敵對情緒主導了對蘇維埃政權的解讀，但是這種情緒在五四之後發生了戲劇性的轉折。中國讀者對革命的熱情也影響到了他們對文學革命的熱情。而俄羅斯文學作為革命與文學結合的典範受到了諸多知識分子的推崇。

新文化運動的中國文壇上，俄羅斯文學一時風頭無二。自李大釗一九一七至一九一八年多篇關於俄羅斯的文章——如〈俄羅斯革命之遠因近因〉、〈俄羅斯革命與文學家〉、〈俄羅斯文學與革命〉（未發表）——率先提出俄羅斯文學的人道主義及其與政治之間的緊密聯繫，到田漢一九一九年的〈俄羅斯文學思潮之一瞥〉、一九二〇年初茅盾、鄭振鐸、王統照、耿濟之等人對俄羅斯文學特質的詳盡論述，以及一九二一年《小說月報》第十二卷號外「俄國文學研究」號外中對俄羅斯作家的專人介紹，再到鄭振鐸的《俄國文學史略》（一九二四）和蔣光慈、瞿秋白的《俄羅斯文學》（一九二七）中歷史性的梳理，這一系列雜誌書籍的出版都將公眾對俄羅斯文學的熱情推向高潮。

然而縱觀五四時期對俄羅斯文學的介紹譯介，卻發現，除了耿濟之、瞿秋白等少數俄語專家之外，大多數俄羅斯文學熱衷者對俄文並不熟悉。如魯迅，曾經嘗試學習俄文，但最終不了了之，以後多以德文和日文為資源了解俄羅斯文學。而上面所提到的介紹文章及專書，往往夾雜著英文等其他歐洲文字。在提及許多俄羅斯文學乃至思想的核心概念時，往往用英文加以注釋。而文末推薦的俄羅斯文學研究書目也往往以歐洲出版的文學史為主，偶爾提及一兩位日本專家的專著。在左翼文學時期，創造社諸君更是將從日本學來的福本主義當作了核心價值進行倡導。至於文學翻譯，也往往不限於俄文直譯。直至三十年代，魯迅仍堅持通過德日兩語翻譯諸多俄文作品與文學批評。而四十年代巴金等人發起的《屠格涅夫選集》依然主要倚重英文譯本。

可以說，在二十世紀初的長時間內，中國所接觸的俄羅斯文學皆是經由他國轉述的。然而閱讀這些被英文和日文等別國文字定義的俄羅斯文學之時，不免想問一句，中國二十世紀初所接觸的俄羅斯文學，與俄羅斯土地上所流傳的俄羅斯文學真正一樣嗎？我們是否一直在閱讀一個不斷被重寫的「英國騎士」在種植熱帶樹木的俄國土地上叱咤風雲的奇幻故事呢？

馬筱璐，香港科技大學人文學部助理教授。

不瘋魔、不成活：「以俄為師」

——被錨定的現代性

陳相因

一九一八年，魯迅發表了一篇仿效果戈理短篇小說的〈狂人日記〉，就此揭開了中國現代文學的序幕。儘管此文首發之際並未得到廣泛關注，然而不久伴隨著五四運動如火如荼地開展，而使魯迅聲名水漲船高，甚至後來居上超越其弟周作人。

業有諸多研究顯示，五四前後，亦正是十九世紀俄羅斯文學在翻譯數量上開始凌駕其他外國文學的分水嶺。擁有「中國現代文學之父」美名的魯迅，遠早於五四翻譯家、甚至是四年後在廣州提出全面「以俄為師」的政治家孫中山，不僅在晚清留日即已關注俄羅斯，並傾心閱讀其大量文藝作品，更與周作人攜手翻譯了不少斯拉夫民族的小說。有趣的是，具高度相似的學經歷背景與閱讀經驗，暨合作翻譯《域外小說集》的周氏兄弟二人，在其後的創作中表現出對外國文學偏好與個人趣味卻有南轅北轍的差異。此差異性尤以五四過後特別顯著，不僅影響兩人創作時關注與開展的文題（literary themes），更進而衝擊兄弟兩人日後生活道路的抉擇與迴異的命運。

若由周氏兄弟面對晚清以降多重／種現代性時個人分別選擇的創作道路，並將此二人喻為兩大社群之代表時，則可清楚發現：他們某程度體現了絕大多數中國知識分子在不同時期面對現代性的多岔路口，不但捨棄了胡適以英美自由主義為模式的「不可能任務」，更分別預設與錨定（focus／anchor）了兩條貌似康莊大道且以亞洲為中心的選擇——向蘇聯或日本學習。由是，從大清帝國轉變為中華民國的發展，即是被壓抑的與被錨定的現代性之間的拉鋸過程。不難想見，後者是許多留學外國的中國知識分子所追求的終極目標，因此他們在社群內藉由翻譯、出版、傳播與動員等各種手法展現其能動性，猶如魔術師發牌前早已深明大眾心理、機關算盡或擺下暗樁，完全壓抑過程內可能的變數，並催眠觀眾共同製造魔術終將成功的氛圍與預期。一旦多數群眾接下暗示與預設，操弄現代性絕無可能具備多種自由選擇，即使外貌看似如此，但不管觀眾如何選取，唯一目標早被魔術師所錨定。

誠然，作家之於魔術師，猶如社群之於其背後團隊的比擬，類似魯迅棄醫從文滿腔救國理想，可在文人想像中運作自如。然而在現實裡變法、變革、革命或運動遠非魔術處於全然可計算的封閉環境範圍內（儘管不少激進知識分子如此天真企望、前仆後繼）。因此，從拋錨到推動一條向蘇聯學習的現代性道路，除了人為的元素之外，仍須天時與地利等多項時空條件的推波助瀾，否則終究只是晚清被壓抑的另類現代性。五四過後，魯迅聲名更勝其弟一籌的現象則可說明大多數的中國文人選擇了陳獨秀倡導的蘇聯模式。究其因雖有加拉罕宣言與孫中山等政治因素做為助力，在五四過後不久即贏得文人好感，但若綜合現有研究，更可總結「中俄文字之交」如此緊密實有下列原因。

魯迅認為，中、俄兩國的文化與經驗具備一種共同關係，所謂「共同」來自於中、俄知識分子在個人良心與社會道德共享的責任與使命感，而中國社會現今的奮鬥正是以前俄國小說家所遭遇過的。五四前後翻譯的十九世紀俄國現實主義小說恰恰射進中國知識分子的心坎，從果戈理、屠格涅夫、托爾斯泰、杜斯妥也夫斯基到契訶夫，其文題關乎哀憐百姓、憂傷天理、抑強扶弱、捨生忘死等，盡皆與中國傳統「文以載道」和「憂國憂民」不謀而合。其次，這些俄國小說適時地為白話文文學發展與小說的功能性提供範例，使五四文人先天易於吸收並融入己身創作。

至於中、俄兩國知識分子共有的奮鬥，則源於相似的歷史與社會背景所產生的三大挑戰。第一，農民問題與高數量的文盲。再次，大帝國的管理與社會階級問題。最後，戰爭帶來西方文化與文明所產生的現代性問題，及其廣泛影響。面對上述挑戰，十九世紀俄羅斯作家由普希金、萊蒙托夫、果戈理至安德列耶夫，創作即以「魔鬼／撒旦」與「瘋／狂人」為核心，探討諸多社會問題。誠如涅克拉索夫所寫，如此俄羅斯，誰能過得好？是故不少主角非瘋即魔，否則不足論生，更難以成活。魯迅梳理並承繼此一傳統和文脈，掌握了俄羅斯心靈「從否定開始」的美學與修辭，由〈摩羅詩力說〉起始，後至兩本小說集、詩歌與雜文，以瘋狂為題的文本數量不少，儘管語言與文類轉變，目光卻始終錨定以俄為師的現代性。

五四過後，隨國共多次分合的政治演變，運動激情過後的瘋與魔轉換為屠格涅夫革命前夜的「多餘的人」，在不少中國作家的作品中發酵。除魯迅外，郁達夫、茅盾、巴金，甚至是愛好文藝的共黨領袖瞿秋白，都無法倖免。直至三〇年代中後，史達林在蘇聯確立「社會主義現實主義」的方向，日正當中，高爾基「大寫的人」以「人定勝天」的狂熱信念大舉進軍中國文壇。集結號響起，烈日灼身豈容過往的「牛鬼蛇神」與「多餘的人」？毛澤東欲以法捷耶夫取代魯迅，正如史達林時期布爾加科夫再也無法出版魔鬼，大師只能禁閉，在墳中、瘋人院、古拉格或牛棚內。

「以俄為師」在日俄戰爭過後成為中國知識分子錨定的一條現代性道路。目標「超英趕美」的這條路，從蘇聯的文化革命開始加速到中國文化大革命結束，上有孤魂野鬼、牛鬼蛇神、瘋子狂人、上帝／偉人與撒旦／罪徒、多餘的與大寫的人、大師與小紅衛兵，在在與個人的生活、生命與命運緊密連結。「絕望之為虛妄，正與希望相同，」因此不絕望、不希望，不瘋魔，不成活，「從否定開始」成為中、俄兩國被錨定的現代性的最佳寫照。

陳相因，中央研究院中國文哲研究所副研究員。

歐戰

林晨

無論新文化運動（即廣義的五四）還是一九一九年五月四日開始在中國大城市裡展開的一系列劃時代意義的遊行示威（狹義的五四），都和被時人稱為「歐戰」的第一次世界大戰有莫大的關係。據後世學者利用資料庫統計出《新青年》關注的重大事件中，歐戰遙占首位，而排名第二的「十月革命」、排名第三的當時中國的兩次「復辟」[1]，也都是歐戰的直接或間接的後果。狹義的五四則更是直接因簽訂《凡爾賽和約》過程中的不公而引起的中國學生與民眾的直接反彈，中國的民族主義由此高漲，漸漸壓倒了新文化運動的富有自由主義色彩的「民主與科學」的關懷，此後中國整體的思潮和情緒都發生了劇烈的轉向，五四運動的劃時代意義正由此而生。

一九一九年以後中國社會思潮轉向的原因，是一個牽動中國現代歷史的重大問題。後世學

1 金觀濤、劉青峰，《觀念史研究：中國現代重要政治術語的形成》（北京：法律出版社，二〇〇九），頁四〇九。

者多有討論，其中李澤厚先生的「救亡壓倒啟蒙」的概括是曾具廣泛影響的論斷，但此說亦屢被檢視，張灝、王汎森、秦暉等重要學者都對此有所商榷。回顧第一次世界大戰前後的國際格局變化，李澤厚以「救亡」來解釋此間因緣，可能確有其局限。一九一九年的中國雖仍積貧積弱但已是「一戰」的戰勝國，並在一年之後成為「國聯」的成員，亡國之危已遠比一九〇〇年庚子事變八國聯軍進北京時緩和；「一戰」期間日本確實曾試圖逼迫中國簽訂「二十一條」，但此條約最危險的部分經袁世凱政府努力周旋後已被成功抵制，簽訂的部分也在一九二一年末的「華盛頓會議」上被大半廢除；「巴黎和會」列強不顧中國的反對仍然決定將德國在山東的利益轉讓日本，固然令國人憤怒，但是，此種屈辱與危害並未比一戰之前德國占據山東時更嚴重，同時，中國政府也強硬地拒絕簽署，並且也在兩年多以後的「華盛頓會議」上成功爭回「國權」，收回了山東的權益。在奠定「一戰」後的國際秩序的「凡爾賽—華盛頓體系」中中國並非輸家，國際地位已較「一戰」之前有所提升。一九〇〇年庚子事變以後的十幾年間，是中國「亡國滅種」焦慮感最強的時代，卻也正是中國人以極大的熱情學習西方思想、文化的時代，一如梁啟超所言：「辛丑、壬寅之後，無一人敢自命守舊。」[2]如果啟蒙思想在那時尚得以勃興，在新文化運動中進一步成為思想界的主流，那麼在短短兩三年之後亡國之危已大為緩解時「啟蒙」卻反而被「壓倒」，這一定另有原因。

「五四」以後中國思潮的轉向，並非來自「救亡」的焦慮感，而是因為中國社會使人們得以安身立命、託付意義的價值體系和理想藍圖發生了變動，在「五四」時，造成這種移動的最重要也最直接的觸媒就是第一次世界大戰。明清之後，雖然中國的文明狀態漸漸停滯、衰朽，但傳統文化的價值觀仍然在社會運行中有效地運作，修身、齊家、成為君子甚至聖賢，仍然是中國讀書人具體可感的、即便未必達到卻仍心嚮往之的人生理想，富有理想主義色彩的以三代為楷模的「天下大同」的藍圖也始終存在甚至不可或缺，當然這種「天下大同」的理想仍與中國是天下中心的優越感如影相隨。晚清之後，這套價值觀體系開始遇到強大的衝擊，直至甲午敗於「蕞爾小國」日本、庚子事變又經歷「有國家以來未有之奇變」，中國傳統的價值體系開始崩解。別有意味的是，在這個過程中，價值體系的崩解來得遠比軍事挫敗更晚，而追求「三代」甚至「天下大同」的理想似乎比價值體系更為柔軟而有韌性。一八四〇年後有機會接觸西方文明的儒家士人即常常有視西方為「三代」的情形。鴉片戰爭後不久，徐繼畬即讚歎歐美「推舉之法，幾於天下為公」，郭嵩燾亦「每嘆羨西洋國政民風之美」。庚子事變後的傳統價值體系加速崩解，忠臣孝子在彼時文學中已毫無感召力時，晚清的烏托邦小說和科幻小說中的理想社會卻仍常同時以「三代」和歐美為藍圖，近似「世界大同」的景象也屢屢出現。一九〇五

2 張枬、王忍之編，《辛亥革命前十年時論文選》卷三（北京：生活・讀書・新知三聯書店，一九七七），頁六六九。

年科舉制被廢除後，修身齊家、成為聖賢君子並為天地立心的追求再也無法說服士人，可是士人們又如何建立一套世界觀和價值體系來讓自己安身立命、託付意義並且融入世界？於是，民主、憲政（無論立憲還是共和）成了當時人們的共識。這個共識並非只具政體意義，更具深意的是，這是當時的士子、鄉紳們為自己尋找意義、確立世界觀並融入世界的努力。惟其如此，清朝崩潰之時改朝換代才絕不會成為當時的選項。中國經辛亥革命成為亞洲第一個民主國，正是以這種尋求新的價值體系並融入世界的渴望為其深層的社會心理背景，新文化運動也正是這種邏輯的深化和展開。

可是「歐戰」恰在此時爆發，中國人心中的價值楷模和眼前的世界景象都發生了巨大的變化。西方昔日的繁榮富強，一經大戰變為「慘澹淒涼景況，觸目皆是」；在價值觀上被清末士人視為「三代」的「西國文明」，變成「自今番歐戰，掃地遂盡」；時人終於擺脫老大帝國而欲融入世界，可是眼前的「世界」卻已在血海中分裂；遑論中國在辛亥至五四期間，新生的民主共和體制又屢遭挫折。聖賢君子已不再能成為個人的理想，那麼年輕人要成為什麼樣的人？民主共和似乎令人失望，那麼國家應該是何面貌？原來一心要融入的「世界」也突然分裂，轉型期的中國人陷入了徬徨與困惑，如李大釗說歐戰期間舉國人都「在矛盾中討生活」。到一九一九年巴黎和會之時，美國總統威爾遜的十四點主張又一次重新點燃中國人的期盼：對「公理」和以「國聯」為代表的「世界大同」的期盼。「公理」若能成立，不僅意味著中國的民族權益得以伸張，也意味著傳統崩解後的中國人在確立其新的價值體系的過程中，有所寄託和歸依；「大同」之下也就自然沒有亡國之危，同時亦能回應一個古老而彌新的理想——康有為甚至利用威爾遜主義在中國大行其道的時機抓緊修改了他的《大同書》。所以，巴黎和會最終破滅的希望，沒能「外爭國權」只是表層，而走到十字路口的國人價值體系的無所寄託、世界景象的又一次破碎，才撼動了國人深層的心理根系。這就可以解釋為何一九二二年初中國政府最終通過「華盛頓會議」成功爭回相當權益時，中國的思想界與知識界卻已不太關注；也能解釋「五四」以後，中國知識界卻熱情關注貌似抽象的「科幻論戰」和富有烏托邦色彩的「新村運動」；也能解釋「五四」以後，中國知識界為何那樣熱情地擁抱各種「主義」：「主義」不僅在學理上可以言之皇皇，更重要的是可以滿足埋藏在社會心理底層的幽暗而熾熱的需要；胡適更重視「問題」的理路，雖在邏輯與學理上足以言之成理，卻無法撩動當時年輕知識人們內心深處的心弦。布爾什維克主義能令彼時國人心動的重要原因之一，即在於它可以同時滿足當時中國思潮中幾乎所有的急迫需求：一個嶄新的價值體系，一個民族平等進而世界大同的夢想。

歷經歐戰的曲折，中國人的夢想其實並未破滅，只是轉移了夢想的方向。

林晨，南開大學文學院副教授。

刀刻與戰士

：魯迅在南洋的木刻與雜文遺產

高嘉謙

一九三六年十月十九日魯迅病逝消息傳出，數日後的十月二十五日，出身於馬來亞的畫家戴隱郎（一九〇七—一九八五），隨即在他於新加坡創刊主編的《南洋商報・文漫界》登載全版紀念專號，並以「導師魯迅」為題，刊登個人創作的魯迅木刻畫像，向逝世不久的魯迅致敬。當時戴隱郎的詩歌〈悼導師魯迅〉如此寫到：「當烽煙四起的目前，我祇會說／先生！你是不應該死的」，「萬千奴隸正從昏懵中覺醒過來／創造光明的戰友都在枕戈待旦／然而，先生，這時你卻悄悄地走了／且這一走，便永不回來！」字裡行間，悲悼革命導師，汲取與發揚的仍是魯迅鮮明的戰鬥形象。魯迅的硬骨精神與捨己為群，在戴隱郎眼裡，就是「一手引著無數弱小者前奔，一手則在昏暗的前途摸索，探進」的「真理的燈塔」。在悼念魯迅的氛圍裡，值得注意的是戴隱郎在木刻世界，對魯迅的繼承和跟隨。這跟戴隱郎到上海學習美術歷程有必然關係。[1]

一九三一至三五年間戴隱郎到上海國立藝專學習西洋美術，其時木刻在中國驟然興起。他在歸國之前，聯合年輕藝術家舉行全國木刻聯合展覽會，巡迴數個城市。魯迅對年輕藝術家是支持的，除了捐助經費和展品，還替〈全國木刻聯合展覽會專輯〉作序。其中幾點意見，是鼓動人心的：

> 近五年來驟然興起的木刻，雖然不能說和古文化無關，但決不是葬中枯骨，換了新裝，它乃是作者和社會大眾的內心的一致的要求，所以僅有若干青年們的一副鐵筆和幾塊木板，便能發展得如此蓬蓬勃勃。它所表現的是藝術學徒的熱誠，因此也常常是現代社會的魂魄。

魯迅在生命的最後十二年，提倡木刻藝術不遺餘力，他支持青年木刻工作者，參與木刻講習會，資助展覽、編印木刻作品集，對青年木刻藝術家帶來巨大影響，尤其以木刻為革命鬥爭的有力武器。按照魯迅邏輯，木刻受到大眾與社會的歡迎，強調彼此「血脈相通，當然不會被漠視的。所以木刻不但淆亂了雅俗之辨而已，實在還有更光明，更偉大的事業在它的前面」。這不僅堅信木刻在此紛亂時代的功能，雅俗之間，木刻做為藝術形式或藝術手段，箇中蘊積著一種為時代鬥爭的能量與力氣。

魯迅從一九二九年開始到去世前數日，仍專注於木刻，他清楚意識到木刻的剛健、分明，是新的青年的藝術，大眾的藝術。因此，木刻易於流傳和印製，成了抵抗黑暗時代的利器。戴隱郎顯然接受了魯迅的木刻理念，返回新馬推廣木刻和漫畫之初，他透露的木刻精神底蘊，遙遙呼應魯迅的教誨：

> 我們的木刻作者，不動則已，動則應該把自己的腳跟緊緊的站在大眾的立場上；從混亂的現象裡面去看取木刻的題材，從諸般矛盾的現實中找出最尖銳，最切要的事物來表現，同時，還要毫不客氣地在自己的作品上盡量暴露人間的悲慘事件，和社會的黑暗的，最殘酷的地方。[2]

戴隱郎在南洋倡導木刻、漫畫，懷抱的熱情與信念，處處迴響著魯迅晚年交付給年輕藝術家的時代使命。戴隱郎相信木刻是一種對現實的介入，以致他如此描述木刻的特質：「以強有

---

1 關於戴隱郎藝術歷程的詳細論述，可參考莊華興，〈帝國—殖民時期在東北亞與東南亞之間的文藝流動：以戴隱郎為例〉，收入張曉威、張錦忠主編《華語語系與南洋書寫：臺灣與星馬華文文學及文化論集》（臺北：漢學研究中心，二〇一八），頁一五一—一七八。姚夢桐，〈畫家戴隱郎〉，《新加坡戰前華人美術史論集》（新加坡：新加坡亞洲研究學會，一九九二），頁一九九—二一二。

2 戴隱郎，〈論木刻藝術〉（續），《南洋商報》，一九三六年九月十三日。

力的黑白二色構成，且藉尖銳的刀觸，去劃出現實的諸般矛盾面，因為所構成的都是現實形象的再現，所以使人一看就懂。」[3]戴隱郎在一九三六年五月二十四日《南洋商報・文漫界》的創刊號，以木刻〈推進〉凸出強韌的手臂在推動小貨車，認定「報紙副刊就是推進時代的齒輪」。他的系列作品〈掙扎〉、〈逃荒〉、〈縫衣婦〉、〈帶著光明來〉無不緊扣現實的苦難形象，刻痕與對象之間，聚集了創作者刀觸下的情感能量。他推動木刻之際，中國隨即進入抗戰。木刻在新馬的發展，自然也響應了中國抗戰救亡的風潮。但值得注意的是，戴隱郎木刻作品裡，浮現出的熱帶風土別有意義，諸如〈Kahcheamputeh〉刻畫頭頂一籃堅果的印度小販、〈沙爹〉是蹲坐賣碳烤肉串的馬來人，〈在人家的門前〉是靠坐在木板屋前閒話家常兩個的馬來人。這是生活即景，捕捉其他種族的生活氣息，也同時貼近土地的脈動。木刻除了可暴露社會殘酷面，必然也貼近大眾的現實生活。因此木刻可視為戴隱郎的時代抒情形式，既是藝術也是工具，刻刀所及之處，寫實兼記錄，表現魯迅指稱的「現代社會的魂魄」，卻同時接引地方色彩的表達。這樣的木刻表現形式，延續至戰後的五〇、六〇年代。

除了木刻，魯迅精神遺產在馬華雜文與散文領域影響甚鉅。一九三八年南來的方修，這位曾在馬華文學史論與作品大系編纂發揮重要影響的文史工作者，在戰後的五〇年代，就以魯迅式的戰鬥性與批判性雜文為尊，強調雜文思想內容和戰鬥功能。在一九五八年他直接提出「戰鬥的散文」，大抵看出他個人或馬華文學界當時對抒情文寫作的相對貶抑的態度。尤其文章結論提及：「早期的馬華散文作者，已經把各種形式的散文的寫作，推上了一個正確的道路，為抗日救亡，為教育群眾，為爭取進步而戰鬥著；擴大這個寫作路向，發揚這種戰鬥精神，支持新馬來亞的建國偉業，是現階段的馬華散文作者的任務。」[4]

魯迅的雜文實踐精神，主導了戰後馬華散文寫作的重要方向。為響應建國所需，散文的寫作呈現扣緊此時此地的現實。這大概決定了往後方修在編輯馬華新文學大系散文卷的選文偏好取向。方修的呼籲不是偶然。早在魯迅逝世前幾年，已有南來作家在馬華文壇呼應魯迅提倡的民族自主更生的大眾文學的口號。但魯迅離世，直接鼓動了新馬社會從抗戰、淪陷，以及戰後冷戰氛圍下抗英反殖民的獨立建國力量，以魯迅的硬骨與鬥爭形象為精神典範。對散文戰鬥精神的落實，接軌抗戰文藝，也呼應馬來亞一九五七年獨立建國，著眼眼前鄉土的此時此地。從一九四七至四八年間馬華文藝獨特性的主張以降，強調「此時此地」的寫作，或一九五五年《蕉風》創刊鼓吹落實的「馬來亞化」文藝，一九五六年愛國主義文學思潮的提出，接續一九五七年馬來亞獨立，一九五九年新加坡自治的政治環境變化，歌頌建國、勞動，各種投向「祖國」（馬來亞）的論述相繼冒出，愛國集刊專刊的出版，形成了新氣象。無論是「馬來亞化的

3　英浪，〈木刻・漫畫・新文字〉，《南洋商報》，一九三七年一月十八日。

4　方修，〈戰鬥的散文〉，《馬華文壇往事》（新加坡：星雲，一九五八），頁九四。

寫實主義」（《蕉風》初期路線）或「社會主義現實主義」（方修等人的路線），散文的抒情在五〇年代的馬華文學實踐，難免沒有太多「詩意」的想像。方修《避席集》（一九六〇）輯錄他以魯迅為主題的系列文章，封面直接以紅黑兩色凸出魯迅導師的肖像，明確張揚了個人的文學養分根源和精神繼承。而魯迅的戰鬥精神，成功接軌馬華文藝在冷戰氛圍，以及新馬戰後陷入緊急狀態的動盪時局。這套魯迅精神遺產的傳承，提供了馬華左翼書寫與鬥爭最具體的理想戰士形象。

綜合而言，從戴隱郎於報刊輯錄魯迅先生遺教[5]，在在顯示出魯迅亡故之際，硬骨和傲骨的鬥爭形象，已在南洋華人社會發酵。往後的數十年，新馬兩地無數的魯迅逝世週年紀念會，報刊園地、大學生雜誌、文藝期刊，都適時參與了各種紀念魯迅逝世專號，以及各種魯迅思想的評述。另外，兩地文人環繞於魯迅出版的廣播劇、詩歌、雜論，也熱鬧蓬勃。從戰前的木刻藝術，到戰後的戰鬥散文，魯迅代表的五四典範和左翼精神，在新馬華人民族意識裡佔據了獨特而深刻的意義。

高嘉謙，國立臺灣大學中國文學系副教授。

---

5 郎輯，〈魯迅先生遺教〉，《南洋商報》，一九三六年十一月八日。

香港的「五四」與「新、舊文化」

陳國球

一、「五四」在香港

一九一九年五月四日北京學生遊行示威，五月七日，香港《華字日報》才有報導：

> 昨日下午有北京各校學生及返日留學生五千人，向東交民巷列隊遊行……風聲鶴唳，人心益形不安。

往後幾天還有報導內地事件，如抗日、抵制日貨等，但沒有提到學生追求「民主」、「科學」等。五月二十二日《華字日報》講到本地情況：

> 此間華人早已堅心暗中拒絕日貨。

五月二十八日《華字日報》報導：

近兩日來街上且有白抄發現，是勸人振興土貨者，聞警察司昨日示諭，各出巡華警，並中西探，如在公共街上見有貼白抄或種種暴動行為，可即拘案控究，因本港係英國屬土，非比內地也。

「非比內地也」一句，是提醒大家「香港」與「內地」之間，有明顯的界線。六月四日《華字日報》又有相關新聞三條，標題是：「傳單日多」、「武裝警察出巡忙」、「學生被拘述聞」；分別記載當時有提倡土貨的傳單，警察未及撕去；警察巡視防止本港學生示威；學生手持中國製造油紙雨傘行街，上用白油大書特書「國貨」兩字，不久被捕。

另外有些歷史文獻記錄當時香港大學的學生反應。當時一位學生陳君葆（一八九八—一九八二），在聽聞北京學生運動以後，聚合同學於大禮堂（即現在的「陸佑堂」），準備開會討論，呼應當時北京學生的要求，向巴黎和會力爭。當時的校長佐頓教授（G. P. Jordan）立即出面反對勸阻，事件就此停止。由這些記載大約可推想當時殖民地統治下的生活：不少香港人心繫故土，響應北京的學生運動，而殖民政府則不容許任何挑戰統治權威的舉動。

我們再參詳當時香港的政治環境。歐戰期間，英國希望日本協助保衛其遠東利益，海軍艦隊互相支援，日艦常常在香港附近出沒，而日本在港的僑民亦很多，甚至超過歐美各國。歐戰後，英國與日本關係仍然友善。五四運動發生後，在華的英商初時有些同情學生，但後來就認同日本的看法，例如《華北先驅報》（*North China Herald*）六月的報導，就指出這是「暴動」。香港政府要「防止反日」，也就並不稀奇了。再深入一點，我們見到「五四」期間香港未有正式的總督，因為港督梅含理（Francis May）在一九一八年九月離任，由當時的輔政司施勳（Claud Severn）署理，其治港方針就是不容有亂，以和平無事為目標。到一九一九年九月，新任總督是司徒拔（Reginald Stubbs），與孫中山關係良好；孫中山在一九二五年三月逝世，港英與南中國地區的關係就有所變化；同年五月發生「五卅慘案」，反英浪潮掀起「省港大罷工」，司徒拔的態度強硬，政府與華人社會的矛盾深刻；英政府決定改派通曉中文的金文泰（Cecil Clementi, 1875-1947；一九二五年十一月至一九三〇年五月任港督）接任，於十一月履新。金文泰以其柔軟的外交身段，在上任不多久，總算平定了這個紛亂的局面。同在任內，他又與新文化旗手魯迅結緣。

二、香港新文化及舊文化與魯迅及金文泰之關係

一九二七年二月魯迅來香港作了兩場演講，題目分別是〈無聲的中國〉和〈老調子已經唱完〉。回內地以後他寫下三篇講述香港的文章：〈略談香港〉、〈再談香港〉、〈述香港恭祝聖誕〉，對香港都沒有好評。其中〈略談香港〉一文，以嬉笑怒罵的方式引述「金制軍」——也就是香港總督金文泰——主張香港大學要重視中文科發展的全篇演說，嘲諷殖民者與香港的「爵紳」、「太史」沆瀣一氣。後來有研究者就這樣詮釋：

> 魯迅對英國殖民統治者的憤懣，對於港督利用宣傳封建文化「國粹」麻痺與壓迫中國人民的罪行，可謂深惡痛絕之至了！（謝德銑，〈魯迅先生與香港〉，一九九八）

或許金文泰對中國文化有「東方主義」式的情結。他是牛津大學古典學的畢業生，曾經譯述古拉丁詩集 *Pervigilium Veneris*（一九一一），也英譯清代招子庸（一七八二—一八五〇）的《粵謳》（*Cantonese Love Song*, 1904）。在履任香港總督的晚上，他揮筆寫了一首氣象高華的詩以抒懷（"Hong Kong," 1925），離任時更有戀戀不捨之情。然而，他卻是魯迅筆下的奸險殖民者。事實上，中國自新文學運動以來，一直以正邪對決的方式去理解和宣傳「新文學」，所有

新文學以外的傳統文學和文化，包括文言文、傳統詩詞、復古尊孔的言論，以至消閒文學，以及文言小說等鴛鴦蝴蝶派的作品，均被視為腐敗的和落後的舊勢力。新文學的成功宣示邪不勝正，光明打敗黑暗。這套公式也被挪用到不少內地的香港文學史書寫之上，更依從魯迅的論述添加了殖民統治陰謀的元素，使得反方更顯邪惡。例如謝常青《香港新文學簡史》有這樣的論述：

> 因適應殖民地商埠的趣味需要，庸俗低級下流色情的「文學」作者亦隨國粹派登場而出籠；……這些庸俗下流污穢文字，和章行嚴、羅五洲等代表的保守勢力，國粹派勢力，無形的合流，企圖扼殺新思想新思潮新文學的輸入傳播。……而新文學則在國粹派衛道士們一片囂鬧的攻擊中悄悄誕生。

這是具備強烈戲劇張力的敘述。但這是理解新舊文學關係的唯一角度嗎？「五四」以後的香港，主要的文化出版風格正是鴛鴦蝴蝶派一路，但其間卻包容了繁複的文化內涵；例如鴛蝴期刊《雙聲》主編之一的黃天石，卻也是後來「國際筆會・香港中國筆會」的首任會長，辦過純文學雜誌《文學世界》，此外又曾經以傑克的筆名撰寫流行小說，盛極一時。一人之身，就有多種面貌，多重聲音。又如以駢四儷六的文言小說進入文壇的羅澧銘，其主編的《小說星期刊》就有不少文章探討新舊文學的關係；當中羅澧銘〈新舊文學之研究和批評〉、何筐〈四六駢文之概要〉、許夢留〈新詩的地位〉等，都可以見到早期香港文學的思考之多元混雜。

香港文學之於時，既以多種方式介入社會——或則迎向潮流、或則批判時局；也存有種種懷想——包括對神州的想望、包括現代文明的追逐。新、舊文學與文化的提倡，也可被視作於殖民政府治下以不同方式去維繫的本土成份；殖民統治也弔詭地為香港以至中國揭示現代化的鱗爪。香港的文學與文化，有需要從多個角度觀察；而移動與越界，一直是香港社會與文化的特徵，經歷「九七」，直至今天。

陳國球，香港教育大學文學及文化學系講座教授、中國文學文化研究中心主任。

「五四」與台灣

潘光哲

任教台灣大學中文系多年的臺靜農，是眾所周知的知識／文化人，學術專業之外，書法、篆刻等等堪稱一絕。然而，身浴「五四」新文化運動洗禮的他，身處在「白色恐怖」的潛在桎梏，對於提攜過自己，誼在師友之間的魯迅，即便是在酒興醉酣之際，依舊絕口不提。「五四」新文化運動時期與魯迅並峙的胡適，歸骨埋骸於台灣，自然是戰後台灣傳遞「五四火種」的起跑者。可是，這方薪傳空間，也逃脫不了黨國威權體制「魔掌」的控制，在台灣再度出版的《胡適文存》，凡是批判孫中山和國民黨的「不敬」之語，絕對「不合時宜」，非刪不可。只是，誰都料想不到，動手「閹割」《胡適文存》的，居然是胡適本人。

一葉知秋。本來是豐富多彩的「五四」圖像，在戰後台灣的文化／言論界裡，顯然被有意而又無奈的塗抹擦拭。回首收拾台灣文化思想脈絡裡的「五四傳統」，既是台灣思想史的一頁轉折，也是反映台灣政治社會變遷的一面鏡子。

一

一九一九年五月四日做為「五四」的具體里程碑，在此之後，與中國一水之隔的台灣，也嘗捲入「五四」掀起的怒濤裡。如「五四」的代表刊物：《新青年》刊布的文字，就陸續轉載於《臺灣民報》（例如吳虞的〈說孝〉）；張我軍發表在《臺灣民報》上的〈致台灣青年的一封信〉，更深具將白話文學導入台灣的標誌意涵。可以說，一九二〇年代台灣的新文化運動確實深受中國「五四」新文化運動的影響。可是，介紹「五四」訊息的《臺灣民報》，在台灣本土的銷數其實不多。可以想見，在日本帝國主義的鐵蹄蹂躪之下，殖民地台灣的「五四傳統」，未必可以建立雄厚的社會基礎，涓流不息。

戰爭結束，台灣歸為中華民國版圖，懷抱壯志，遠行渡海而來擔任台灣省編譯館館長的許壽裳，即倡言「台灣需要一個新的五四運動」，願將他的好友魯迅的思想和創作積極傳播到「寶島」。他的行動，卻遭遇到國民黨台灣省黨部方面發動的無數攻擊。許壽裳在台灣建立起「五四傳統」的企圖，更伴隨著他的莫明之死，歸為幻影。可以這樣說，早期台灣本土的「五四傳統」，是被學術工作者「發現」出來的。挖掘台灣本土的「五四傳統」，讓這幅思想圖像，重見青天，都是後來的事了。

二

勢隨時轉。隨著一九四九年中華民國政府轉移來台，黨國威權體制竟在台灣陡然聳立，影響所及，幾如水銀瀉地。在這樣的嚴竣歲月裡，「五四傳統」則如足可和黨國威權體制意識形態相互抗爭的「思想資源」。

正如做為一九五〇年代起而批判黨國威權體制的代表性論壇《自由中國》，它的主要負責人雷震，深感黨國威權體制發動「孔孟學會」，聲言「孔孟學說，為我國文化根源」這等宣示的意義，不容小覷，於是邀請《自由中國》的主力寫手之一殷海光，表示「他們搞孔孟學會，我們還搞五四」。殷海光於是發表了以〈五四是我們的燈塔！〉為篇名的社論，倡言：「今後欲救中國於深淵，並沒有其他奇徑可走，還是只有實行民主採納科學」。

其實，在每年五月上旬時分，固定發表以「五四」為題的文章，可以說是殷海光生命史的「儀式」，特別是在《自由中國》時代，自一九五七年起，他連續四年，年年都有闡述「五四」之作，或是竭呼重整「五四精神」，或是主張「跟著五四的腳步前進」，或是要求以「五四」為典範，「展開啟蒙運動」，持續推動為「五四」「招魂」的筆耕事業。待得一九六九年「五四」的五十週年之慶，他又發表了〈五四的隱沒和再現——為五四運動五十週年而作〉。四個月後，殷海光的生命史就畫下了句點（殷海光逝於一九六九年九月十六日）。自稱「五四兒子」與「五四後期人物」的殷海光，用他的生命，展現出戰後台灣「五四傳統」的一種典範：「借五四之酒杯，澆自己之塊壘」，將關於「五四」方方面面的研究與闡述，轉化為批判現實政治社會與文化思想處境的「戰鬥元素」，正如同殷海光不無感慨而又帶著希望訴說，「五四運動倡導『民主』及『科學』」，即便在現實裡完全落空，依然「有許多人不斷的追求」，所以它們「遲早可能有再現的日子」。

對比於殷海光筆下詮釋的「五四傳統」及其可能影響，與現實威權體制站在一起，扮演「文化御林軍」角色的文人，不是沒有敏感度的。就如同在台灣期時長期任教於國民黨軍方教育系統，屢屢撰文宏揚「總理遺教」與「總裁訓詞」之「微言大義」，並批判「毛澤東思想」而不輟的任卓宣（他在一九三〇年代的名字是葉青），便批評殷海光的〈重整五四精神！〉，斥責這篇文章的「作者不學無術，依據多年來五四文化運動底誤解，信口開河」。至於殷海光聲言要「跟著五四的腳步前進」的述說，同樣也被批判為「其用心之刻毒，實亦罪不容誅」。

顯然，在肅殺歲月裡的戰後台灣，如何建立／詮釋「五四傳統」，在意識形態的戰場上，不僅佔有不容忽視的一頁；黨國威權體制與它的批判者，兩軍之間，更曾赤裸裸地交鋒過。

三

「大江總是向東海奔流的」。隨著黨國威權體制在台灣的愈趨弱化，「五四傳統」的圖像，也逐漸撥雲見日，朝著還給「五四」一個「本來面目」的方向前進。當然，要想理解「五四」的「本來面目」，也歷經了曲折的過程。如周策縱以英文寫成的名著《五四運動史》（Chow Tse-tsung, *The May Fourth Movement: Intellectual Movement in Modern China* [1960]），署名楊默夫編譯的版本，是它的中譯本在台灣的初度問世，卻經過大量刪節，特別是批判「以蔣介石為首的保守派」等等對於「新文學與白話文態度冷淡，反而傾向於彰顯民族遺產」、「要求一般百姓讀經尊孔」等等論述，統統難見於青天。可以想見，這部經過大量刪節的譯本，可能形塑的歷史認知，其實是「五四傳統」的殘闕面貌。在一九八七年台灣解除戒嚴之後，言論思想空間愈趨開放，「五四傳統」在台灣固然展現為百花齊放的圖景，卻也越來越納為學術體制的知識生產事業，不再是企圖做為與時代脈搏同步共應的「思想資源」了。

叩問歷史豐富多彩的場景，可以讓人們得到各式各樣獨特鮮明的生命和思想體驗。但是，如果基於現實的需要，與歷史進行「對話」，甚至於「弱水三千，單取一瓢飲」，即便意蘊深長，卻難免將複雜的歷史圖像「簡單化」、「意識形態化」。疏理再現台灣的「五四傳統」，無疑可以幫助我們對於自身的來時歷程，進行更為多樣的省思。

潘光哲，中央研究院近代史研究所研究員。

文化，思想，歷史

五四@100

MAY FOURTH @ 100

嚴復與五四

：中國現代性的內在張力

黃克武

在清末民初的啟蒙思想家之中嚴復是一位先驅性的人物，他從一八九五年開始撰寫文章與翻譯西書，「為國人接受西學導其先路」。五四時代活躍於中國思想界的人物，如魯迅、胡適、吳虞、蔡元培等人無不深受其影響。胡適說得最清楚。他從中學開始就讀嚴復的譯作，「幾年之中，這種思想像野火一樣，延燒著許多少年的心和血。『天演』、『物競』、『淘汰』、『天擇』等等術語都漸漸成了報紙文章的熟語，漸漸成了一般愛國志士的『口頭禪』。……我自己的名字也是這種風氣底下的紀念品。」魯迅也佩服嚴復「究竟是『做』過赫胥黎《天演論》的，的確與眾不同：是一個十九世紀末中國感覺敏銳的人」。他在閒暇之時喜歡和朋友一起吃花生米，比賽背誦《天演論》的篇章。

嚴復著作之所以吸引讀者的目光，不但是因為《天演論》等作品所帶來新的科學宇宙觀，以及鼓舞國人自立自強的愛國心，也因為他最早從中西文化之對比，來鼓吹民主與科學，奠定了五四以來中國現代文化發展之基調。他在一八九五年的〈論世變之亟〉寫道：

中國最重三綱，而西人首明平等；中國親親，而西人尚賢；中國以孝治天下，而西人以公治天下；中國尊主，而西人隆民；中國貴一道而同風，而西人喜黨居而州處……。

嚴復指出西方文化的強盛在於其系統性，其命脈不是「汽機兵械」、「天算格致」，而是：

苟扼要而談，不外於學術則黜偽而崇真，於刑政則屈私以為公而已。斯二者，與中國理道初無異也。顧彼行之而常通，吾行之而常病者，則自由不自由異耳。

「黜偽而崇真」即是五四的「賽先生」，而「屈私以為公」則是「德先生」。嚴復又敏銳地注意到學術與政治彼此相關，而歸結到「以自由為體，以民主為用」的政治架構與價值觀念。從西方理念出發，嚴復對中國君主專制提出嚴厲的批評，他認為此制「正所謂大盜竊國者耳。國誰竊？轉相竊之於民而已」。嚴復所提出的理論一是孟子的「民貴君輕」，一是「民之自由，天之所界也」、「國者，斯民之公產也，王侯將相者，通國之公僕隸也」的天賦人權論與社會契約論。

上述強調民主、科學、反專制的想法是清末民初國人「走向共和」的重要精神支柱。嚴復思想的衝擊力與他所採取的中西文化對比的手法有關，他一方面頌揚西方的優點「西之人以日進無疆，既盛不可復衰，既治不可復亂，為學術政化之極則」，另一方面則抨擊中國制度與文化的落後，只能陷入「一治一亂、一盛一衰」的困局。林毓生認為嚴復於一八九五年發表的〈論世變之亟〉、〈救亡決論〉等文：「這種以——不是黑的就是白的——二分法來衡量中西制度與文化的價值與功效的方式，已經隱含著極強的反傳統的信息——他事實上是現代激進反傳統主義的濫觴。」由此可見，嚴復思想與五四新文化運動之關聯。

嚴復一方面是五四啟蒙論述的開創者，然而另一方面也是五四啟蒙論述的批判者。這樣的觀點在早期階段即已存在，至歐戰之後更為強化。一九一七年嚴復作〈歐戰感賦〉一詩，對於戰爭耗費金錢、新武器造成的重大傷亡，發出感傷。他感嘆西方科學的發展造成殺人利器之日新月異，此乃孟子所謂「率鳥獸以食人」。目睹科學所帶來的毀滅，他更清楚地反省西方文化為中心的啟蒙思想。其觀點如下：

第一、對科學與宗教的看法：嚴復肯定科學在改善人類生活上的意義，但認為科學有其限制。道德之基礎（包括儒家倫理，如「孝」），必須奠基於某種形上的本體論之上，以免墮入「最下乘法」、「一概不信」的「物質主義」（materialism）。他堅信「世間必有不可知者存。不可知長存，則宗教終不廢」，科學範圍窮盡之處，即「宗教之所由起」。他不但肯定宗教的價值，本身亦有虔誠的宗教信仰。嚴復對科學與宗教的看法和後來「科玄論戰」中玄學派的觀點有類似之處。

第二，對自由與民主的看法：嚴復肯定自由、民主的價值，不過嚴復對個人自由的肯定結合了英國古典自由主義與儒家的觀點。這種受到儒家影響的自由觀認為個人的道德感乃源於宇宙之中生生不已的力量，道德感的培養是人生終極的目的，只能經由個人的努力才能達成。此即是儒家典籍中所謂的「為己」、「求諸己」、「為仁由己」。在此一過程一方面必須「克己」，另一方面則需要由「成己」而「成物」，這種自我實現與成就他人的結合，正是嚴復所強調的「恕」與「絜矩」的精神。對嚴復來說，西方自由精神與此種儒家的道德理想並不衝突，所以他一方面了解西方自由觀念中「所以存我」的獨特性，另一方面又表示自由即是實現「《大學》絜矩之道」。這樣一來，我們可以說嚴復所代表的是「具有中國特色」的自由主義。嚴復的想法與後來的新儒家有類似之處。

第三，對民族主義的看法：嚴復無疑地是一位愛國主義者，他一生的職志就在建立一個自由、富強與文明的新中國。不過他也意識到種族主義、愛國主義有其缺點。嚴復看到愛國精神引發國家與國家之間殘酷的戰爭乃人類歷史上最可悲之事；因此唯有以人道主義所具有的超越精神，才能突破狹隘的愛國意識。他說「民族主義，將遂足以強吾種乎？愚有以決其必不能者矣」；在他看來，無論是「排滿」或「排外」都是落後的做法，不足以「救亡」、「利國」。為了因應新時代的來臨，應宣傳建立超越種族的「國民」觀念為中心的認同，並實行地方自治與主權在民的民主制度。

第四、對中國傳統文化的態度：嚴復肯定儒、釋、道三教所代表的傳統文化與傳統所孕育出來的典雅漢語。這一點牽涉柏克（Edmund Burke）保守主義對嚴復的影響。嚴復認為政治規範不能單純地從自由、平等、科學等理念中導引出來。他接受柏克的觀點，認為人類只有在文明社會中才能繁榮發展，而此一社會的整合與福祉高度地依賴其與傳統之間的連續性，而傳統之中固有的道德理想與宗教情操均扮演著很重要的角色。嚴復對於中國傳統與中西文化之關係的看法與批評五四的「學衡派」也十分契合。

總之，嚴復思想一方面開啟了五四新文化運動，孕育了批判傳統、追求民主、科學的啟蒙精神，另一方面，他有展開對於此一啟蒙論述的反思，探索科學、民主、愛國、反傳統等觀念的侷限或缺失。整體觀之，嚴復所代表中國現代性的方案顯示出內在的強烈張力，也蘊含了融通中西、創造新文化的諸多可能。

黃克武，中央研究院近代史研究所特聘研究員。

康有為：聖人的隱退

彭春凌

戊戌變法維新、全球保皇會、民初孔教運動，三項事業但凡成就一項，康有為足堪彪炳千古。然而，從戊戌政變到一九一七年張勳復辟失敗、康有為退出政壇，南海聖人這二十年的事業人生，一而再，再而三經受重擊、跌落谷底。「古人多遭難，無如我所被」，這是一個被潰敗和失意籠罩的生命。

康有為並無從政經驗，縱有雄心萬丈，受制於等級嚴密的官僚政治，於百日維新中發揮的實際作用有限。而囿於「尊君改制」的制度框架，他戊戌年提出的變法主張，並非事後所宣傳的「定憲法、開國會」那般豪邁卓絕。反而是戊戌政變，為康有為提供了另一番政治舞台。「有華人的地方，就有保皇會」，一度成為華人全球流動、離散史的實況。一八九九年七月，康有為與加拿大一批愛國華僑在加拿大維多利亞創辦「保救大清光緒皇帝會」（簡稱「保皇會」）。至一九〇八年，海外保皇會的分會已發展超過兩百四十個，遍及北美洲、南美洲、亞洲、澳洲和非洲五大洲。它不僅是中國近代歷史第一大政黨，當時亦號稱「國際第一大黨」。這一康有為長期經營的政黨組織，在教育華人子弟、推動海外華人社會的成長方面，功不可沒。營救被幽囚的光緒，「保皇」之旨當初簡捷易行，在淒涼中頗能喚起同情、凝聚人心。然而，從「普天之下，莫非王土」到「國為公有，與國民共之」，政治潮流，勢成必然。康有為數次提議更革政黨名稱為「國民黨」，計畫落空。一九〇七年三月，保皇黨改名為帝國憲政會。新的名稱從未深入人心，又使組織內部面臨認同危機。康有為提倡英國式的「虛君共和」。「君」是否願「虛」、能「虛」暫不論，一般人看來，這還是要「保皇」。「保皇」，始終是康有為難以擺脫的政治標籤。保皇會的組織民國後已難以維持，孤懸海外，亦未嘗轉動國內複雜政局，終至風雲流散。

「布衣改制，事大駭人」，在起意變法之初，康有為就以孔子為教主、為聖王，寄予變法之旨。他因是而編《新學偽經考》，打掉舊有經典教義的權威，撰《孔子改制考》，借孔子的無上權威來挑戰君權。面對教案頻發的文化危機，他主張建立與基督教對等的孔教，將孔子的普遍性凌駕於所有宗教的普遍性之上。民國建政，康有為則更多從建設現代國民國家角度擘畫孔教的位置。教化與政治，如「車之雙輪而並馳」，世俗政治的轉軌革新與精神信仰的保守循舊，並行不悖。

孔教立本於天人一致的儒家道德哲學，推而廣之，及於中華文明之全體。民初社會整體氛圍尊孔，加之大眾對道德秩序的普遍焦慮，一九一二年孔教會蔚然以興。士紳耆舊、軍政要員紛至沓來。在有組織的推動下，孔教會的支分會曾發展到近三百個。康氏深明「不依國主，則法事難立」，一意要將孔教寫入憲法，祀天配孔。一九一三年、一九一六年他領導了兩次孔教國教化運動，聲勢浩大，但均未成功。陳獨秀於《新青年》上的批孔言論，初期即是反對立孔教為國教的一方，所作的政治動員。「孔教與共和乃絕對兩不相容之物」，「孔教與帝制，有不可離散之因緣」。隨著康有為一九一七年被指認為「復辟犯」，上述的批判，真有些百口莫辯。

五四時期，新青年人人叱罵康有為。李大釗譏其為「占著來春新葉」位置的「枯黃的樹葉」，秋風起了，「請他走開」。胡適稱，康二十年前乃「洪水猛獸一般的維新黨」，如今變成老古董。類似言論，康有為自然憤憤不平，「試問吾讀數十年之中國書，遊卅一國之域，凡十六年所得者，豈不出域外與不讀書者所能作考官乎」？

然而，從更大的盤子上看，又是另一番風景。五四運動之後，東西文化論戰、科學與人生觀的論爭如火如荼。康有為的文化保守主義，以新的方式在新文化內部站穩腳跟。梁啟超歐遊歸國，判斷「儒家主義，可以說正合乎新文化」，他孜孜矻矻，在學校教育中灌注儒家道術修養。梁漱溟以「直覺」說仁，改造陸王心學，成為新儒學的代表人物。同是一九一九年，韓國爆發三一運動，日本調整了對半島的殖民統治政策。一定程度上寬鬆的文化環境，使康有為的韓國弟子李炳憲有機會在家鄉創辦孔教會。康有為感慨「吾道已東」，一九二〇年將自著的《偽經考》、《論語注》、《春秋筆削大義微言考》、《大同書》等傳授李炳憲。李炳憲開出經今文學在韓國的別脈。思想的種子不死。

康有為對中國的進步歡喜無量，「國會大同幸親見，天心來復望誰新」。弘道非弘人，功成何必在我。

面對人生事業的一次次潰敗，康有為極善於心理創傷的自我療治，「過眼雲煙中，收拾色空裡」。戊戌政變後他逃出生天，深信聖人不遭橫死，此乃上天「留吾身以有待來茲」；處境再艱困，也不過「聚散成毀，則客感客形，深閱生死，順天俟命，但行吾不忍之心，以救此方民耳」。居易俟命、知命盡性，此乃儒家的大無畏、大修養。晚年的康有為，已是「兼通諸教，悟徹天人」。

顯微鏡與望遠鏡，這對「賽先生」的精密器械，功莫大焉。顯微鏡下，見「虱如車輪」，因而設想，虱體之血輪，有地球國土，有萬億生命，一沙一世界。相對於這些微小生命，六十歲的人生，不啻經歷了不可測數的億歲永恆，大可心滿意足。望遠鏡中，睹「火星之火山冰海」，而領悟他星亦有人物，宇宙銀河，有無量之政教文明。一家一鄉，一邑一國之拘囿，固不足言，地球之限制，亦可超越。康有為遊心於諸天，從銀河星辰、素月青霄之上再俯瞰地球人間的種種煩惱，「不及滄海之一滴」，「何止南柯之蟻國」。由儒入道，化羽成仙，逍遙無待，終達自由。

彭春凌，中國社會科學院近代史研究所副研究員。

五四期間的梁啟超

夏曉虹

一九一八年十二月二十八日，梁啟超在上海登船，踏上了歐遊之路。按照任公先生自述，此行目的有二：一是「自己求一點學問」，為今後「從思想界盡些微力」做準備；一是因巴黎和會的召開，而謀求「把全世界不合理的國際關係根本改造」（《歐遊心影錄・歐行途中》）。前者於梁氏歸國後傾力文化事業有集中表現，後者則關係五四運動的發生，長期為學界忽視。

雖然一如既往地眷顧國事，去年底辭去財政總長職務的梁啟超，這一回卻當真退出了政界。即使行前，總統徐世昌囑託梁氏鼎力襄助，梁啟超也允諾「於講和會議有可以為國盡力處，亦自當盡力」，但仍一再聲明，此行「與政府方面無關，以私人資格赴歐觀察一切」（〈梁任公昨已抵京〉，《國民公報》，一九一八年十一月二十四日）。

強調私人身分，實即突出民間立場，對其中的真實含義，梁啟超也有明確闡發。所謂「亦誠欲郵達吾國民多數所希望，訴諸彼都輿論，以冀為當局之助」（〈關於歐洲和會問題我輿論之商榷〉），還是假設政府與國民取向一致；更深層的考慮則在「督促政府」，因而要求「國民審察內外形勢，造成健全之輿論」（〈在國際稅法平等會演說詞〉），這意味著國民對政府必須承擔監督和批評的責任。懷抱此一政治理念上路的梁啟超，因此注定無法與政府趨同。

梁啟超於一九一九年二月十八日抵達巴黎，此時和會開幕正好一月。剛到法京的梁氏對中國外交前途不免看得樂觀，二十三日傳送給國內同仁的第一封電報雖也提到日本要求繼承德國權利，卻仍對和會抱有美好期望：「總之，此次和會為國際開一新局面，我當乘機力圖自由發展，前此所謂勢力範圍、特殊地位，皆當切實打破。凡約章有戾此原則者，當然廢棄，青島其一端耳。」

與在國內時思路相同，中國既為戰勝國，德方利用不平等條約，自一八九八年起長期侵占的膠州灣，戰敗後當然應該歸還中國。因而，歐遊前，論及青島歸屬，梁氏直以「本不待論」一筆帶過，而將注意力集中在繼發的關乎國家命脈的諸種權益獲取上。若概而言之，那便是任公先生在國內外一系列的演講與文章中反覆申述的三條：破除勢力範圍、撤銷領事裁判權與改正關稅。

而梁啟超與國內輿論界一致懷抱的歸還青島、不在話下的放心態度，也建基在對盟國、尤其是美國會主持公道的信賴上。梁氏於巴黎和會本寄望甚殷，以為此次「全世界之國際關係，將有所改造焉」（〈關於歐洲和會問題我輿論之商榷〉）。去國前，他為英文宣傳趕寫的一篇文稿，中文原作即徑名以「中國國際關係之改造」；在法國《巴黎時報》刊載的文章，也以「中國與列強在遠東政治關係上必要之更改」為題。梁氏相信，此時「正當正義人道大放光明之際」，「主持正義人道之諸友邦」必可為我「伸理」。一切正如他後來所自嘲，「那時我們正在做那正義人道的好夢」（〈中國國際關係之改造〉、〈關於歐洲和會問題我輿論之商榷〉及《歐遊心影錄・巴黎和會鳥瞰》）。

而到達巴黎之後，一向被政府隱瞞的去年九月中日有關山東問題的密約內容已經傳開，這實際上等於承認一九一五年的「二十一條」仍然有效，日本可以繼承德國在山東的權益。正因和會短暫休會而出遊的梁啟超大為憤慨，於是致電國人，公布此情，嚴厲譴責政府誤國：「查自日本佔據膠濟鐵路，數年以來，中國純取抗議方針，以不承認日本承繼德國權利為根本。去年九月，德軍垂敗，政府究何用意，乃於此時對日換文訂約以自縛。」不過，梁啟超此時對美國總統威爾遜「公正與持久和平」的十四條宗旨仍深信不疑，因而一廂情願地認定，與之背離的中日密約「可望取消」（三月十一日電）。

三月十七日戰場遊歷歸來，梁啟超立即以私人身分積極開展民間外交。十九日，在萬國報界聯合會發表演說，梁氏仍力陳山東為日本攫取的嚴重性，強調此「拒虎進狼」的危機，如「不趁此時設法消弭，則不出十年，遠東問題必為第二次世界大戰爭之媒」。二十五日，任公先生又與威爾遜總統會晤，秉此意向其解釋山東問題的性質。而和會形勢日益對中國不利，身在場外的梁啟超自是心急如焚，於是警電頻傳，切望國內民間團體與輿論界一致對政府施加壓力，力爭最好結果。此時，對當局的失望在電文中已一洩無遺：「我國所有提案尚未正式提出，計目下時日無多，若非急起直追，將來國際地位必陷於無可救藥之境遇」（四月二日，《晨報》）。

恰在此時，國內也發生了梁啟超親日賣國的謠傳，任公先生雖感憤怒、委屈，卻一心以國事為重，殷殷告誡國人：「內之宜要求政府速廢高徐順濟路約及其他各項密約，使助我者易於為力；外之宜督促各使通盤籌畫，互示意見，對外一意鼓勇，進行關稅、領事裁判權等事」（四月十二日電）。只是，對山東能否歸還中國，梁氏已不再信心十足。而由於日人機詐百變的外交手腕與列強的各有打算，加以中日密約予人口實，政府隱瞞內情，致使談判失據，中國利益的被犧牲便成為慘痛的現實。

四月二十四日，先期得到惡耗的梁啟超飛電國內，態度鮮明，要求舉國一致，拒簽和約：

> 對德國事聞將以青島直接交還，因日使力爭結果，英、法為所動。吾若認此，不啻加繩自縛。請警告政府及國民，嚴責各全權，萬勿署名，以示決心。

這封最早通報中國外交失敗的電報五月二日在《晨報》全文刊出，兩天後，呼喊著「外爭國權，內懲國賊」口號的北京學生便走上了街頭，五四運動遽爾爆發。而梁氏電文，無異為遊行提供了導火線。

此後，身處國外的任公先生仍與國內民眾同心同德，致電政府，力讚「北京學界對和局表義憤，愛國熱誠令策國者知我人心未死」，而官方「逮捕多人」，實令人難以理解。故大聲疾呼：「為禦侮拯難計，政府惟與國民一致。祈因勢利導，使民氣不衰，國權或有瘳」（五月二十三日，《晨報》）。一九二〇年三月歸國後，梁啟超到京面見總統徐世昌，也請求將一月前因反對中日兩國直接交涉山東問題而被捕的學生釋放，免予起訴；二十三日離京前又專函致徐，肯定學生的舉動乃「出於愛國之愚誠，實天下所共見」，為培護民氣，亦即為國家前途計，切責徐氏不可一誤再誤。

此次歐行未能如梁啟超所期望，「於外交絲毫無補」，為其感覺「最負疚者」（〈致仲弟書〉，一九一九年六月九日）。痛傷前事，梁氏已有新覺悟。〈外交失敗之原因及今後國民之覺悟〉最末一節正道出此情。所論三事，一則希望國人明瞭日本承繼山東，便為中國深入腹心之患，「國民宜以最大決心，挽此危局，雖出絕大之犧牲，亦所不辭」；其次，當追究政府外交失敗之責任；而尤為重要者，則在「正義人道」的迷夢破碎後，梁啟超終於發現，「國際間有強權無公理之原則，雖今日尚依然適用。所謂正義人道，不過強者之一種口頭禪，弱國而欲托庇於正義人道之下，萬無是處」。於是，他呼籲國民認清真實處境，做悲壯的努力。

迨一九二〇年五月，梁啟超作〈「五四紀念日」感言〉，論述一年前發生的「國史上最有價值」之運動，對「五四」價值的判定已有重心的轉移，這自然與梁氏歸國後注重文化建設的現實關懷相契合。在他看來，「五四運動」由「局部的政治運動」擴展為「文化運動」，才是其真正的價值所在。因為「為國家之保存及發展起見，一時的政治事業與永久的文化事業相較，其輕重本已懸絕」；而「非從文化方面樹一健全基礎，社會不能洗心革面，則無根蒂的政治運動，決然無效」。有鑑於此，梁啟超於是斷言：

吾以為今後若願保持增長「五四」之價值，宜以文化運動為主而以政治運動為輔。

而其希望「今日之青年」能「大澈大悟」，「萃全力以從事於文化運動，則將來之有效的政治運動，自孕育於其中」，實在也表明了任公先生本人的澈悟。其歸國以後的提倡國民運動，培植國民基礎，盡心教育事業，努力講學著述，便是這一認識的具體展開。

夏曉虹，北京大學中國語言文學系教授。

美育代宗教

：蔡元培與中國現代美學的起源

涂航

一九一七年，蔡元培先生在北京神州學會的一次集會上，發表了題為「以美育代宗教說」的演講。時值新文化運動如火如荼之際，以陳獨秀為首的激進思想家提出「重估一切價值」，以反孔批儒的手段，號召國人擺脫傳統綱常的束縛，走向以西方世俗民族國家為圭臬的現代文明。令人玩味的是，這場激烈的反傳統主義運動卻同時衍生出一場批判基督教的民族主義運動，從「反孔」逐漸走向「非耶」。新思潮對（中國）舊禮教的無情鞭笞和對（西方）神權文化的批判相互交織在一起，構成了蔡元培美育說的思想背景。不同於陳獨秀〈偶像破壞論〉中尼采式的激烈言辭，蔡說細緻入微地分析了宗教的歷史成因，並由此剖析其被美學替代的可能性。他提出宗教對於人的精神作用分為三種：「一曰知識；二曰意志；三曰感情。」[1]先民時

1 蔡元培，〈以美育代宗教說〉，《蔡元培美學文選》（北京：北京大學出版社，一九八三），頁六八。

代的人類將神的旨意視為解釋自然界無常變化的法則，此為知識；而求生的欲望進一步迫使人們將宗教的利他主義奉為倫理規範，以維持種族的繁衍，此為意志。隨著現代化的進程，知識與意志皆分別為科學與道德所代，唯一維持宗教崇高地位的僅剩其情感作用。蔡元培進一步指出文藝復興之後，因美術「漸離宗教而尚人文」，美育逐漸受宗教所累。他推崇陶養情感的美育，順勢旁敲側擊地抨擊基督教義的排他性對情感的刺激。最後，蔡說提出用現代美學陶冶性靈，以替代宗教的教化功能。

蔡說發軔於一個傳統秩序全面崩潰的時代：舊的儒教倫理道德被全面質疑，而新的規範尚未建立，於是伴隨著解放而來的是一種終極價值的失落。這種困境轉而激發各家學說百舸爭流，為後傳統時代的個人、文化，和民族尋找一個新的「總體性方案」。從孔教運動的領導者康有為以近代西洋政教風俗為鑑重構儒教，到基督教本色化運動中諸多神學家以基督「成全中國文化」的努力；從新派學人以「文學」、「美學」、「科學」、「民主」等諸多世俗化自由主義學說再造中國文明之嘗試，到政黨政治方興未艾之時以各色「主義」[2]鼓吹以激烈革命的方式重鑄現代民族國家，各種中西論述競相角逐，試圖在傳統崩壞和西學壓迫的雙重羈絆下追尋一種精神性的信仰。在此背景之下，民國知識分子往往懷著複雜的心態看待基督教給中國本土的思想資源帶來的衝擊和震盪。神學的超越性和普世性，信仰內含的福音對於社會變革的推動作用，以及基督教會和西方帝國主義侵略的關係，都成為士人們激烈辯論的對象。[3]中國知識分子一方面為基督教義中彼岸世界和救贖所賦予個體的強大精神力量所深深吸引，另一方面不約而同地從科學和文化民族主義的角度質疑其神祕主義和排他性。五四時代宗教討論的要義在於：如何借用（appropriate）西洋宗教中**彼岸**世界的強大精神、情感，和信仰的力量來革新**此岸**世界的個人、文化，與民族？在這裡，「借用」包含了一種相互矛盾的雙向運動：在以科學理性的世俗化理論對宗教的「去魅化」（disenchantment）的同時，試圖將宗教的神聖性（the sacred）注入以「個人」、「集體」、「革命」和「民族國家」為圖騰的世俗變革之中。

正是在這樣的情景下，現代中國美學以一種獨特的姿態登場，試圖彌合彼岸的超越性與此岸的世俗性、西學的普遍主義與中學的本土特質之間的張力。從王國維糅合佛學與存在主義而成的生命美學，到朱光潛從現代心理學角度闡發悲劇藝術的宗教性；從蔡元培的美育救國論到宗白華的「氣韻生動」說，漢語審美主義論述試圖構築一種具有超越性而不失人間情懷的「本體論」[4]，並以此抗衡西洋宗教的信仰之魅。劉小楓將這股思潮的特點歸結為「回歸內在性，

2 王汎森，〈「主義」時代的來臨——中國近代思想史的一個關鍵發展〉，《思想是生活的一種方式》（台北：聯經，二〇一七）。

3 楊天宏，《基督教與民國知識分子》（北京：人民出版社，二〇〇五）。

4 關於中國美學本體論的提法，出自陳望衡對五種美學本體論（情感、生命、社會、自然，和實踐本體論）的劃分。見陳望衡，《二十世紀中國美學本體論問題》（武漢：武漢大學出版社，二〇〇七）。

維護一切生存意趣的此岸性，凡皆稱華夏智慧的傳統」，並「用以加強漢語思想的民族性價值理念的優位性和獨特性」。[5]以一言蔽之，華夏美學的超越之道在於以「此世的救贖」（redemption-in-the-world）[6]來賦予審美一種徜徉肆恣的宗教性（religiosity），使得五四世俗化運動中的教育（蔡元培）、古典藝術（王國維）、個體生存（宗白華）和民族主義（張競生）重新散發出靈韻的芬芳。例如，張競生的美治主義企圖以美趣規畫人生和改造社會[7]，朱光潛的美學直覺論以意象世界的疏離性構築一種基於情感的主體間性[8]，宗白華的意境論以藝術之情勾勒靈境的生命動力[9]。諸種美學的共同歷史背景是五四時期社會現代化帶來的道德衝擊和隨之而來的終極價值之惑。中國審美主義一方面受到西洋宗教的啟示，企圖克服儒家現世主義的困境而追尋一種超越性的理論，另一方面又在文化本位主義和科學理性的影響企圖和神祕主義的宗教情感劃清界線，其結果是在神聖與世俗之間構築一種審美化的靈境，把超越性建立在藝術化的人間。有關生存價值的終極所在既不在神恩也不在理性，而在流溢於主體與自然之間的纏綿悱惻之情中。如果蔡說旨在以科學之名攫取基督教對彼岸世界的闡釋權，以「五育並舉」的教育方針推行世俗化的美感教育，後五四時代的美學則以人間之情為本體在看似無法逆轉的去魅化進程中追尋超越的微弱的可能性。

八十年代初，政治解凍時期的知識界迎來了新的一波「美學熱」，不僅朱光潛、宗白華等民國時期的大師得以重回學術舞台，在五十年代「美學大辯論」中成名的中年學者李澤厚、高爾泰等紛紛著書論著，在校園和文化界掀起一陣陣熱潮。新時期的啟蒙運動以美學的朦朧想像重新啟動了被中斷的美育論，以感性詩意的方式呼喚文化和政治的新命。無論是李澤厚以「情本體」放逐諸神、告別革命，還是劉小楓從浪漫主義美學走向基督教信仰，八十年代的學人圍繞審美和宗教、超越和拯救、華夏美學和基督教的普遍主義展開了新一輪思想爭鳴。在五四運動漸行漸遠之際，蔡元培的「美育代宗教」說仍然激盪在中國學人的心靈，不斷叩問著華夏民族「情」歸何處的信仰辯難。

涂航，哈佛大學東亞語言與文明學系博士候選人。

5 劉小楓，《現代性社會理論緒論：現代性與現代中國》（上海：上海三聯書店，一九九八），頁三一七。

6 「此世的救贖」（redemption-in-the-world）一說源自Peter E. Gordon對於魏瑪猶太神學家Franz Rosenzweig的新思想（new thinking）特點的概括。受到海德格爾存在主義哲學的影響，Rosenzweig認為救贖並不導向超越性的彼岸世界，而啟示著存在於此世的一種獨特方式。見Peter E. Gordon, *Rosenzweig and Heidegger: Between Judaism and German Philosophy* (Berkeley: University of California Press, 2005)。

7 張競生，〈美的社會組織法〉，《張競生美學文選》（北京：生活・讀書・新知三聯書店，二〇〇九），頁一七一。

8 朱光潛，《文藝心理學》，《朱光潛全集》卷一（合肥：安徽教育出版社，一九九七），頁三五四。

9 宗白華，〈中國藝術意境之誕生〉，《美學散步》（上海：上海人民出版社，一九八一），頁五八。

魯迅與「五四」新文化運動

錢理群

討論「魯迅與『五四』新文化運動的關係」，就不能不涉及曾經有過的所謂「經典論斷」：魯迅是「五四」新文化運動的「主將」，以至「魯迅的方向，就是新文化運動的方向」。我們的討論就從這裡開始：魯迅是「五四」新文化運動的「主將」嗎？魯迅確實說過，他的寫作堅持的是「五四」的「啟蒙主義」。[1]他還說發表在《新青年》上的〈狂人日記〉、〈孔乙己〉、〈藥〉等小說「顯示了『文學革命』的實績」，「頗激動了一部分青年讀者的心」。[2]因此，他承認，他是「尊奉」「五四」文學革命的「前驅者的命令」而寫作，並自覺「與前驅者

1 魯迅，〈我怎麼做起小說來〉，《魯迅全集》卷四（北京：人民文學出版社，二〇〇五），頁五二六。

2 魯迅，〈《中國新文學大系》小說二集序〉，《魯迅全集》卷六（北京：人民文學出版社，二〇〇五），頁二四六。

取同一步調」。[3]但「遵命」這一說法本身就否定了「主將」之說。魯迅自己是明確地將胡適視為「五四」文學革命的「提倡」者的。[4]對周氏兄弟在《新青年》和「五四」新文化運動中的地位和作用，陳獨秀有一個回憶：「魯迅先生和他的弟弟啟明先生，都是《新青年》的作者之一人。雖然不是最主要的作者，發表的文章也很不少，尤其是啟明先生。然而他們兩位，都有他們自己的獨立的思想，不是因為附和《新青年》作者中哪一個人而參加的。所以他們的作品在《新青年》中特別有價值」。[5]「不是最主要的」，當然就不是「主將」；但有「自己的獨立思想」，因而「特別有價值」：這是一個客觀、準確的評價。

魯迅的「獨立價值」，首先表現在他對「五四」啟蒙主義話語與實踐的複雜態度。他確實為啟蒙而寫作，但他從一開始就對啟蒙的作用心存懷疑。因此，據周作人回憶，對《新青年》魯迅最初「態度很冷淡」。[6]而且錢玄同向他約稿時，他就對啟蒙主義提出了兩個質疑：「鐵屋子」單靠思想的批判就能夠「破毀」嗎？你們把「熟睡的人們」喚醒，能不能給他們指出出路？[7]在「五四」運動一週年時，他在一封通信裡，對學生愛國運動及新文化運動所引發的「學界紛擾」，出乎意外地給予了冷峻的低調評價：「由僕觀之，則於中國並無何種影響，僅是一時之現象而已。」[8]到大革命失敗以後，他更是痛苦地自責：自己的啟蒙寫作，「弄清了老實而不幸青年的腦子和弄敏了他的感覺，使他萬一遭災時來嘗加倍的苦痛，同時給憎惡他的人們賞玩這較靈的苦痛，得到格外的享樂」，不過是充當了「吃人的宴席」上「做這醉蝦的幫手」。但他又表示，「還想從以後淡下去的『淡淡的血痕』中看見一點東西，謄在紙片上」。[9] 這正是魯迅的獨特的啟蒙立場：既堅持又質疑，在堅持中質疑，又在質疑中堅持。

對「五四」新文化運動的兩個核心話語：「科學」與「民主」，魯迅也別有見解。早在二十世紀初（一九〇八）在其所寫〈科學史教篇〉裡，魯迅一方面充分肯定科學對於東方落後國家的特殊意義，給予很高的期待，又同時提醒，如果以「科學為宗教」（即我們今天所說的「唯科學主義」），就會產生新的弊端：「人生必大歸於枯寂，如是既久，則美上之感情漓，明敏之思想失，所謂科學，亦同趣於無有矣」[10]：同樣是既宣導科學，又質疑科學。在〈文化偏

3 魯迅，〈《自選集》自序〉，《魯迅全集》卷四（北京：人民文學出版社，二〇〇五），頁四六九。
4 魯迅，〈無聲的中國〉，《魯迅全集》卷四，頁一三。
5 陳獨秀，〈我對魯迅之認識〉，《宇宙風》五二期（一九三七年十一月）。
6 周作人，〈錢玄同的復古與反復古〉中轉引錢玄同一九二三年七月九日致周作人書。《周作人文類編・八十心情》（長沙：湖南文藝出版社，一九九八），頁四八一。
7 魯迅，〈《吶喊》自序〉，《魯迅全集》卷一（北京：人民文學出版社，二〇〇五），頁四四一。
8 魯迅，〈致宋崇義〉（一九二〇年五月四日），《魯迅全集》卷一一（北京：人民文學出版社，二〇〇五），頁三八二。
9 魯迅，〈答有恒先生〉，《魯迅全集》卷四，頁四七四、四七七—七八。
10 魯迅，〈科學史教篇〉，《魯迅全集》卷一，頁二五、二九。

至論〉等文裡，談到「民主」，他也是充分肯定英、美、法諸國革命所宣導的「政治之權，主以百姓」的「社會民主之思」，對反對封建君主專制的巨大意義的同時，提醒人們：如果將「民主」推向極端，變成「眾數」崇拜，「托言眾治，壓制尤烈於暴君」。[11]這就是魯迅對「五四」啟蒙話語，以至整個中國現代文化的主流話語的獨特立場：既有吸取，更有堅持，又不斷質疑，揭示其負面，及時發出警戒。這樣既肯定又否定，在認同與質疑中往返、旋進中將自己的價值判斷充分的複雜化、相對化，可以說是魯迅所獨有的思維方式；而其他的思想家大都陷入「要麼肯定，要麼否定」的二元對立模式中。這就使得魯迅與「五四」新文化，以至整個中國現代文化的關係，呈現出極其複雜，也極其獨特的狀態，可以說，魯迅既是「五四」新文化、中國現代文化的建構者，又是其解構者。

從批評者看來，這就顯得態度不夠鮮明，多少有些猶豫不決。而這是自有深刻的時代背景的。魯迅這一代人所面臨的是一個雙重困境：一方面，他們面對的是政治與思想上的傳統專制主義，要對其進行「價值重估」，就必須引入西方的科學、民主、啟蒙觀念；另一方面，從世界範圍看，西方社會裡工業文明的許多弊端已經暴露，科學、民主、啟蒙這些觀念開始受到質疑。用魯迅的說法，傳統專制主義是「本體自發之偏枯」，西方文明病是「交通傳來的新疫」，正是這「二患」使魯迅那一代知識分子陷入了雙重疑懼和憂患之中。[12]魯迅的選擇與態度是，找一條「似乎可走的路」，[13]也就是不試圖去尋找一條毫無矛盾和缺陷，全面而完美的，一勞永逸地徹底解決問題的理想之路，他正視矛盾，不迴避選擇的困惑，始終在矛盾的張力，在充滿懷疑與絕望中，堅持探索，追尋。但他的選擇又不是折衷主義的，他並不迴避自己的「偏至」：儘管存有質疑，但他依然積極參與「五四」啟蒙運動，堅持科學與民主，也就是他自己所說的始終和「五四」新文化的主流保持步調的一致。這也是時代的要求使然：在魯迅的時代，傳統專制主義是主要危險；西方文明病，就全域而言，還只是一個潛在的危機。

錢理群，北京大學中國語言文學系資深教授、博士生導師、清華大學中國語言文學系兼職教授。

11 魯迅，〈文化偏至論〉，《魯迅全集》卷一，頁四九、四六。
12 魯迅，〈文化偏至論〉，頁五八。
13 魯迅，〈兩地書〉，《魯迅全集》卷一一，頁一五。

一份剪報，兩個時代

郜元寶

魯迅博物館藏有兩份剪報，乃一九六六年九月十四日在「破四舊」的浪潮中，館中人員從錢玄同長子錢秉雄處搶救得來。

其一日文，為日本作家升暑夢、二葉亭等所譯普希金、果戈理、萊蒙托夫、屠格涅夫短篇小說十篇。

其二中文，分「目次一」、「目次二」，魯迅〈人間之歷史〉、〈科學史教篇〉、〈文化偏至論〉、〈摩羅詩力說〉、〈破惡聲論〉、〈裴彖飛詩論〉赫然在列。另有周作人、湯增璧、許壽裳、陶成章、劉師培、黃侃詩文若干。章太炎最多，二十五篇。全本剪報六十篇詩文，分別載於一九〇三至一九〇八年的《民報》、《天義報》、《浙江潮》、《河南》諸雜誌。

認定兩份剪報均為魯迅所製，理由如下——

第一，中日文「目次」均為魯迅所寫。中文「目次」與日文目錄共有的字眼如「東」、「冉（前）人」、「論」、「命」、「之」，「之」的寫法不同，其他五字間架筆勢明顯出於一人之手。若日文剪報為魯迅所製，中文剪報必定也是。反之亦然。

第二，留日師友中，再無人比魯迅對俄國小說更感興趣。若日文剪報係魯迅所製，則裝訂款式與「目次」筆跡相同的中文剪報製作者也該是魯迅。

第三，中文剪報「目次二」相當於周作人所謂流產的《新生》「甲編」。將這些裒為一輯，很像是對《新生》感情最深的實際主編魯迅所為。

第四，魯博還藏有魯迅仙台醫學專門學校的「醫學筆記」，裝幀款式與兩份剪報完全相同。據日本學者調查，上世紀初日本大中學生托文具店裝訂筆記極為普遍，「醫學筆記」就在這種氣氛中製成。

〈藤野先生〉提到藤野「改正的講義」，「我曾經訂成三厚本，收藏著的，將作為永久的紀念」。對醫學講義尚且如此珍惜，在「棄醫從文」之後辛苦搜求的日譯俄文小說以及自己的試筆和重要師友的文章，豈有不什襲以藏之理？

這兩份剪報可能因「兄弟失和」而與搬出八道灣的魯迅分離，但剪報內容始終留在魯迅心中。日文剪報中果戈理〈狂人日記〉啟發了他創作更加「憂憤深廣」的同名小說。中文剪報六篇舊作，四篇編進了《墳》。臨終急就章〈關於太炎先生二三事〉、〈因太炎先生而想起的二三事〉還專門提到剪報中章太炎答吳稚暉的「戰鬥的文章」，甚至一字不落引用了剪報中太炎「獄中所作詩」〈獄中贈鄒容〉和〈獄中聞沈禹希見殺〉。

中文剪報發表最晚的是一九〇八年十二月二十日《河南》雜誌九期周作人〈哀弦篇〉，而收入周作人所譯〈莊中〉、〈寂寞〉的《域外小說集》之序言落款為「己酉正月十五日」，若此後編排剪報，不會有這兩篇，故魯迅只能在一九〇八年十二月二十日至一九〇九年正月十五日之間完成剪報的編排。

魯迅每次編雜文集，都會「打開了裝著和我有關的書籍的書箱」。「醫學筆記」和中日文剪報自然保存於這樣的「書箱」，但「不幸七年前遷居的時候，中途毀壞了一口書箱，失去半箱書，恰巧這講義也遺失在內了」。這是一九一九年底從紹興遷居北京之事。其實〈藤野先生〉有誤，「醫學筆記」並未遺失，而是和裝有其他書物的三隻大箱子寄存於張姓鄉友家，解放初籌建紹興魯迅紀念館而徵集文物時被發現，送交許廣平，再由許捐給魯迅博物館。

留在紹興的箱裡只有「醫學筆記」，中日文剪報自然托「運送局」運往北京，且不在那口毀壞的書箱中，而是安抵八道灣新家了。

二〇一八年八月一日，我有幸拜訪魯博特藏部，首次觀賞中文剪報，發現上面竟有不少朱墨兩色校改和記號，匆忙中即以魯迅文章為重點拍了一些照片。歸來細檢，發現這些校改主要有如下幾種情況。

首先，校改與《墳》、《集外集拾遺補編》相同者計三十九例，其中九處外國人名、書名原文之校改完全正確，可謂「精校」。校改文字細小而工整，難以辨識書寫風格。但拋開此點，也能大致判斷乃魯迅本人所為。

其次，校改未當者三例。一、「然平議以為非是」，「議」下朱筆旁添「者」字。《集外集拾遺補編》一九八一、二〇〇五兩版均未添改。「者」不必添，此校改未當之例。二、「懷疑於中國古然之神龍者」，「然」旁改為「代」。《集外集拾遺補編》一九八一、二〇〇五兩版仍作「然」。「然」義更豐，「代」義顯豁，難定優劣。三、「則知天識在人」，繁體「識」字「言」旁改作「耳」，成一「職」字。《集外集拾遺補編》一九八一、二〇〇五兩版仍為「言」旁之「識」。「天識」佛教語，「真如」「本性」之意。「天職」謂天之職責，引伸為人類應盡之使命。二者語義迥別，難定棄取。此校而未善之例。未當或未善，並不意味著校者非魯迅本人。魯迅手稿校改也有這種情況。

復次，校而不完，即校閱者發現需要校改，也做了記號，卻終於未做改動，如〈文化偏至論〉「非去霸勒而縱人心，不有此也」，「霸」旁朱筆打對號，未做改動。《墳》改為「羈」。如此者七例。

校而未當、未善、不完者共十例。除「古然」和「古代」、「天識」和「天職」不易抉擇，其他並無疑難。可能魯迅在某個時間較從容，即使面對外文字母這樣的難點也能做出大量「精校」，而某個時間較倉促，即使無甚疑難，也委決不下。

剪報裝訂後，理論上可隨時披覽，故很難推斷校改做於何時。但也並非毫無線索。

先看墨色。本次調查四十九例校改，墨筆三十四例（〈科學史教篇〉七例，〈摩羅詩力說〉二十七例），朱筆十五例（〈人間之歷史〉四例，〈文化偏至論〉五例，〈破惡聲論〉六例）。單篇校改，或朱或墨，不相摻雜。若斷斷續續完成，很難嚴格地一篇使用一色，故全部校改集中完成於某個特定時段。

〈破惡聲論〉「古然」改為「古代」，值得注意。現代漢語「古代」一詞受日語影響，流行較晚，見於魯迅早期論文僅兩處。〈人之歷史〉一見，乃總括地質學「太古代」、「中古代」、「近古代」之集合概念，如「凡此有生，皆自古代聯綿繼續而來」。另見於〈摩羅詩力說〉「其詩取材古代」，接近「五四」以後用法。但相同的意思，別處皆用「古」字，如「蓋古之哲士宗徒」、「古之臨民者一獨夫也」。改「古然」為「古代」，可能是現代漢語語感無意中起了作用，由此可推測這一校改乃在「五四」之後。

再看校改之目的。

首先，不屬剪報內容而夾帶進來的原刊其他文章之頭尾兩行，皆以尺規之類工具頂天立地劃出兩條紅線，提示應刪去，目的或許是為了替將來正式出版做準備。

其次，絕大多數外國人名、書名原文之前，均以朱筆在右邊空行打對號，似提醒應加括弧之類。這也可理解為替將來正式出版做準備。

復次，〈摩羅詩力說〉「蓋亦猶是焉耳」之後加朱筆「L」，下行「上述諸人，其為品性言行思維」頂格之「上述」二字右側，加朱筆向下箭頭，似提示當另起一段，目的也是替將來正式出版做準備。

我曾推測，魯迅至少在一九二〇年底著手再版《域外小說集》或一九二一年底撰寫〈《吶喊》自序〉時，「打開了裝著和我有關的書籍的書箱」，一顧早年兩份剪報。現在看中文剪報中他本人文章上的校改文字和記號，可進一步推測他不僅兩度開箱摩挲「少作」，還曾打算將他們重新公諸於世。

這有三種選項，一是單獨出版中文剪報「目次一」的內容。「目次二」當時已無必要再版（其上也有零星校改）。「目次一」作為《新生》甲編，至少在一九二三年「兄弟失和」之前，尤其在兄弟二人於一九二〇年底再版《域外小說集》或魯迅一九二一年底撰寫〈《吶喊》自序〉之際，很有出版之必要。對魯迅來說，這不僅是追懷往昔「許多夢」，更是告訴讀者《吶喊》只是「已逝的寂寞的時光」之「不能忘卻的一部分」，還有「不能忘卻」的另一部分。「兄弟失和」後完整推出「目次二」已不可能。第二選項就是單獨出版魯迅個人的論文。但他沒這麼做，而是以調和的形式出版了文白夾雜的論文集《墳》，將早期論文攬入其中。

「五四」之初，新文學家著作中夾雜早期文言並不罕見。一九二二年和《吶喊》同時出版的《獨秀文存》，便收了一九一五年至一九一七年多篇文言文。一九二〇年出版的《嘗試集》附有作者留美時期的舊體詩〈去國集〉。胡適、陳獨秀將各自的文言舊作拿來「示眾」，以顯示其「文學革命」的立場，但魯迅早期文言論文記錄的極其輝煌的文學探索是胡陳所沒有的，這使他不得不大費斟酌。倘無成熟的思考和恰當的解釋，這樣的論文集怎能貿然出手？

《墳》一九二六年六月編就，八月底前交稿，序跋一再遷延，直到一九二六年十一月才完成出版前最後一道工序，即交出〈寫在《墳》後面〉，至此才算了卻一樁心事。作為最成功的白話文作家，魯迅雙腳跨在文白兩個語言世界的夾縫，冒著碎裂的危險啟示這兩個世界的內在聯繫。他將二十年前發起的「文藝運動」與後來「聽將令」而參與的「文學革命」以個人文集的形式融為一體。此前時時披覽舊作，精心校改，以期再版，不獨敝帚自珍，更是穿越新舊兩個時代，以竟其匡救彌縫之業。

可惜魯迅編集《墳》時，攜帶多年的剪報不在身邊，大量精心校改和旨在出版的技術處理未被利用，更未能收入〈破惡聲論〉，致使這份珍貴文獻直到一九五二年《魯迅全集補遺續編》出版才廣為人知。

但這以前，有一人提到過〈破惡聲論〉。

一九三六年十月十九日魯迅病逝於上海，在北京的老友錢玄同很快於十月二十四日撰成〈我對周豫才（即魯迅）君之追憶與略評〉，聲稱「他（按指魯迅）在《河南》雜誌中做過幾篇文章，我現在記得的有〈文化偏至論〉、〈破惡聲論〉、〈摩羅詩力說〉等篇，斥那時淺薄新黨之俗論，極多勝義」。當時跟錢氏過從極密的周作人在同一天撰寫的〈關於魯迅〉以及後續的〈關於魯迅之二〉（十一月七日）、〈關於魯迅書後〉（十一月十七日）提供了許多「海內孤本」，卻隻字未提〈破惡聲論〉。

我懷疑魯迅一死，周作人、錢玄同即密議如何作文紀念。周氏自然倚馬可待，而長期為高血壓、神經衰弱所苦的錢玄同的記憶力並不像他文章講的那麼好，於是周氏便將已歸他所有的中日文兩份剪報借（贈）給他做參考，這才有錢氏後人在危急關頭的捐獻。

郜元寶，上海復旦大學中國語言文學系教授。

傳奇者流，源蓋出於志怪？

——陳寅恪與魯迅《中國小說史略》的對話

張麗華

一九二〇年，亦即五四運動的後一年，曾經在《新青年》發表了短篇小說〈狂人日記〉的魯迅，開始在北京大學兼任講師，講授中國小說史。一九二三年，其講義由新潮社正式出版，題為《中國小說史略》。

魯迅的《中國小說史略》（下文簡稱《史略》）與王國維的《宋元戲曲考》被郭沫若譽為現代學術史上的「雙璧」，是以現代新觀念和新方法整理中國文學史的典範。與王國維的戲曲研究有青木正兒等學者的對話和延續不同，《史略》的命運，似乎頗為寂寞。在一九三〇年修訂本題記中，魯迅寫道：「大器晚成，瓦釜已久，雖延年命，亦悲荒涼，校訖黯然，誠望傑構於來哲也。」在一九三五年日譯本序中，他又感歎道：「這一本書，不消說，是一本有著寂寞的運命的書。」可見，魯迅在生前始終未曾遭遇讓他感到棋逢對手的讀者或批評者。

一九三六年，《哈佛亞細亞學報》創刊號刊出了陳寅恪的〈韓愈與唐代小說〉（Han Yü and

T'ang Novel）一文，論述了韓愈的古文創格與唐代小說的關係；在隨後的《元白詩箋證稿》中，陳寅恪更為系統地提出唐代傳奇文與古文具有同一「原起及體制」。陳寅恪關於唐代小說與古文關係的論述，恰對魯迅《史略》中一個重要的小說史論斷——「傳奇者流，源蓋出於志怪」，構成了對話與挑戰。這一對話與交鋒的背後，涉及陳寅恪與魯迅在小說觀念上的不同，以及如何在中西「小說」之間建立融通理解的學術方法上的差異，值得仔細勾稽。

魯迅在《史略》第八章〈唐之傳奇文（上）〉中指出「傳奇者流，源蓋出於志怪」，在六朝鬼神志怪書與唐代傳奇文之間，建立了一條小說史的脈絡。這一論斷，由於暗合了以虛構的散文敘事為內涵的現代小說（fiction）觀念，在一九三〇年代的學者中被奉為圭臬。其時新舊各派學者，從汪辟疆、范煙橋到譚正璧、郭箴一，皆加以徵引和沿用。然而，短小精悍的六朝鬼神志怪書，是否真的是婉轉、華豔的唐代傳奇文的文體之源呢？一九三五年，在〈六朝小說和唐代傳奇文有怎樣的區別？——答文學社問〉一文中，魯迅又承認，「唐人傳奇文的祖師」，乃是阮籍的〈大人先生傳〉、陶淵明的〈桃花源記〉這類六朝文章，這類文章與傳奇文一樣不乏「想像和描寫」，只是當時人「不謂之小說」。實際上，檢點魯迅《史略》的不同版本，可以發現，「傳奇者流，源蓋出於志怪」這一論斷，在一九二一年的油印本講義《小說史大略》中尚無蹤影，最早奠定這番論述的，是一九二三年的鉛印本講義《中國小說史大略》。對照這兩個《史略》的講義本，我們發現，胡應麟的《少室山房筆叢》對魯迅鉛印本講義中的修訂，影響甚大。魯迅在一九二三年的鉛印本講義（以及隨後以之為底本的新潮社、北新書局刊本）中提出的「傳奇者流，源蓋出於志怪」，明顯受到了胡應麟在《筆叢》中試圖以「志怪」來概括小說的某種核心屬性的影響。在這個意義上，魯迅在《史略》中所建構的從（六朝）志怪到（唐）傳奇的小說史論述，多少有些可疑；或者說，其「小說」概念難免依違於古、今之間，不乏曖昧含混之處。

陳寅恪顯然洞悉了其中的曖昧情形。他在一九三六年以英文發表的〈韓愈與唐代小說〉一文中，獨闢蹊徑地指出，唐代古文運動的領袖人物韓愈，其〈毛穎傳〉、〈石鼎聯句詩並序〉諸作，乃「以古文為小說之一種嘗試」；韓愈在古文上的創格，實與《玄怪錄》、《傳奇》這類小說作品的廣泛傳播有密切關係。在一九四〇年代相繼撰寫的〈讀鶯鶯傳〉、〈長恨歌箋證〉等後來收入《元白詩箋證稿》的文章中，陳寅恪更是反覆申說「貞元元和間之小說」與唐代古文有「同一原起及體制」，即二者具備共同的社會基礎及「文備眾體」（史才、詩筆、議論）的文章機制。這與魯迅在《史略》中提出、並在一九三〇年代被輾轉沿襲的「傳奇者流，源蓋出於志怪」，顯然是針鋒相對的兩種觀點。有心的讀者，不難從中讀出陳寅恪與魯迅（及其所開啟的「從志怪到傳奇」的小說史論述）進行對話和商榷的意味。

陳寅恪與魯迅《史略》的對話，不僅限於唐傳奇的文體淵源，其背後還涉及到二人在「小說」觀念以及文學史方法上的差異。「小說」在古代是目錄學家和藏書家據以分類的一個書籍類目，並不是文體上的概念。魯迅的《史略》卻要以作為文體的現代小說概念為基礎，去建構一部中國的小說史：他既需要直面傳統目錄學意義上的小說類別——這是一個收納其他分類體系不斷排除在外的作品的雜類，同時又需要吸納當代對於小說的主流理解，為小說界定出相對清晰的外延，因此其小說觀念難免依違於古、今之間。於是，在《史略》中，六朝鬼神志怪書、《世說新語》、唐代傳奇文、宋元話本和章回小說，這些體例不同且互相之間具有巨大異質性的文類，被串聯在一起，構成了一部連綿不絕的「中國小說史」。

陳寅恪的小說論述方式，與魯迅迥然不同。我們將他在一九三〇年代討論佛曲與章回小說，一九四〇年代討論唐傳奇與古文，以及一九五〇年代討論彈詞與史詩的論述綜合起來，可以發現一種令人驚駭的文類「橫通」。「橫通」的背後，其實是陳寅恪對「小說」在不同文化語境中的不同載體的透徹理解。概括來說，陳寅恪以西方文學中的史詩和novel為參照，將小說視為一種繁詳的寫實的手法；同時在中國文學語境中，身處邊緣、文類地位較低的「小說」，允許文體的混雜（如章回小說的同時容納散體和韻體，唐傳奇的史筆、詩才、議論），因此又常常擔負起文學革新的使命。在中西文學的對照和融通中，陳寅恪將小說視為一種摹寫現實的混合文體——這不禁令我們想起了奧爾巴赫的《摹仿論》。這一融通中西的視野，使得陳寅恪在根本上超越了十九世紀以來即紛紜不已的中、西小說之間的「格義」，從而能夠以更貼近歷史本原的方式，去探討與小說相關的諸種歷史性文類在具體社會情境中的起源和演變。

陳寅恪的小說論述思路和方法，對四十年代的學者如浦江清（參閱〈論小說〉，刊一九四四年《當代評論》四卷八、九期）、王瑤（參閱〈小說與方術〉，收入《中古文學史論》）等都有不小的影響。可惜的是，二十世紀的小說史研究，魯迅的範式一枝獨秀，而陳寅恪的方法，則隱而未彰。時至今日，魯迅《史略》所遺留下來的「小說」在傳統書籍部類概念與現代文體概念之間的牴牾，仍然是困擾著不少學者的難題。在這個意義上，陳寅恪的思路，無疑提供了另類的選擇。

張麗華，北京大學中國語言文學系現代文學教研室教授。

另一種「新青年」

——「五四」前後的馮友蘭

李浴洋

當一九一九年轟轟烈烈的「五四運動」在北京發生時，曾經就讀於北京大學哲學門的馮友蘭（一八九五—一九九〇）已於此前一年學成畢業，返回原籍河南，在開封擔任河南第一工業學校的國文與修身教員。儘管在畢業與在讀的學生中都深孚眾望，堪為哲學門名副其實的「大師兄」，但由於「五四運動」的主體乃是「（在讀）青年學生」，且馮友蘭當時並未在現場「共襄盛舉」，所以日後談論「五四」時，很少有人會特別提及馮友蘭，而研究馮友蘭的學者往往也不太關注他與「五四」的關係問題。在現代中國學術史上，馮友蘭通常是被視為在「五四」落潮以後的一九二〇年代中後期登上歷史舞台的一代學人的代表的。他對於文化守成主義的大力宣導，的確與「五四新文化運動」的核心主張判然有別；而被追認為「現代新儒家」的先驅人物，更是讓他無緣「新青年」之列：凡此似乎都支撐了他是一位「後五四」或者「非五四」學人的歷史定位。將馮友蘭排除在關於「五四」的經典敘述之外，從表面上看，關係的只是馮友蘭個人的評價問題；但究其根本，觸及的卻是如何理解「五四新文化」以及應當怎樣看待「新儒家」與「新青年」的關係等「大哉問」。

其實，除去沒有直接到北京現場參加「五四運動」，馮友蘭在一九一五至一九一九年間的經歷與立場，都可謂一位不折不扣的「新青年」。一九一五年，馮友蘭從上海中國公學大學預科部畢業，考入北大法科就讀。入學後，他很快轉入文科中國哲學門。「五四」前後，北大的學制為三年。當馮友蘭的學業進行過半時，一九一六年底，蔡元培受聘出任北大校長，並於次年到校後開展了一系列卓有成效的改革，將「新文化」的基因在校園裡播撒開去。以中國哲學門為例，此前全系只有「中國哲學史」、「朱子學」與「宋學」三門課程。據馮友蘭回憶，「當時的教授先生們所有的哲學這個概念，是很模糊的。他們看不出哲學和哲學史的分別」。[1]從一九一七年開始，中國哲學門不但在原有課程之外開設了社會科學與自然科學方面的課程，例如「經濟學原理」、「言語學概論」、「人類學」、「人種學」、「社會學科」與「生物學」等；而且對於「中國哲學史」等核心課程也進行了大刀闊斧的改革，馮友蘭在三年級時旁聽的胡適主講的「中國哲學史」，就令他印象深刻。直到晚年，他還對胡適當年的講義記憶猶新：胡適「把自己的話作為正文，用大字頂格寫下來，而把引用古人的話，用小字低一格寫下來」，而此前「在中國封建社會中，哲學家們的哲學思想，無論有沒有新的東西，基本上都是用注釋古代經典的形式表達出來，所以都把經典的原文作為正文用大字頂格寫下來」。胡適這一「顛倒乾坤」的做法，在馮友蘭看來，是「五四時代的革命精神在無意中的流露」。[2]由於受到胡適感召，當一九一七年底北大成立哲學門研究所時，在馮友蘭選報的三門研究科目——「歐美最近哲學之趨勢」、「邏輯學史」與「中國名學鉤沉」——中，有兩門便是由胡適指導的。而研究所制度在北大的建立，同樣也是「新文化運動」中的舉措。

一九一八年，馮友蘭畢業以後，一方面在開封任教，另一方面與當地同人一起創辦了《心聲》雜誌，並實際上擔任主編職務。根據馮友蘭晚年的說法，「在當時的河南這是惟一的宣傳新文化的刊物」。[3]《心聲》創刊的具體時間應在當年九月前後，初為雙週刊，至一九二〇年初出滿十期後，編為第一卷；此後出版的各期為第二卷，同時改為月刊；限於河南的印刷條件，雜誌屢有脫期與合刊現象，最終編至何時，亦不可考，目前所見最後一期為第二卷第七期。[4]《心聲》的主要內容是「批判當時河南教育界中的一些具體問題」以及「比較系統地介

1 馮友蘭，〈三松堂自序〉，《三松堂全集》卷一（開封：河南人民出版社，二〇〇一），頁一七一。
2 馮友蘭，〈三松堂自序〉，《三松堂全集》卷一，頁一八四—八五。
3 馮友蘭，〈三松堂自序〉，《三松堂全集》卷一，頁四七。
4 關於《心聲》雜誌的詳細情況，參見李浴洋，〈缺席與在場——「新文化運動」時期馮友蘭的教育經歷與文化實踐〉，《文藝理論與批評》二〇一七年三期。

紹一些西方思想」。[5]而尤其值得關注的是，《心聲》與次年在北京創刊的以北大文科學生為主體的《新潮》雜誌多有互動：不僅馮友蘭與「新潮社」同人交情甚篤，有多篇著譯文章發表在《新潮》上，《新潮》在開封的「代賣處」即是「心聲社」；而且《心聲》與《新潮》還一併發起過關於「因明」問題的討論，只不過在既往的「五四新文化運動」研究中，學者只看到了《新潮》方面的材料，而忽視了《心聲》的聲音。其實，《心聲》與《新潮》不但始終保持互動，而且在辦刊理念與具體的編輯方針上也深具共識。

「五四運動」發生之後，「心聲社」迅速於五月七日在《新中州報》上發表了〈心聲社告各界書〉，提出「怎麼樣才能救國，只有真正知識。怎麼樣求真正知識？趕緊砥礪學業。諸君的真知識就是國家的真精神。諸君曠廢學業一日，國家暗地即受一部分的損失」。[6]但從兩天以後的五月九日開始，河南各校學生回應「五四」，相繼發動集會，學潮旋即席捲中州大地。「心聲社」同人儘管並不完全贊同通過學生運動推進社會變革，但也沒有自外於這一表達愛國訴求的潮流。為了及時報導與評論各地的抗議活動，「心聲社」編輯出版了《心聲》「臨時增刊」《心聲日報》，發行至八月二十八日。次月，馮友蘭離開開封，準備赴美留學。

在留學擇校的問題上，馮友蘭徵求了胡適的意見：「我找胡適，問美國哲學界的情況，學哲學上哪個大學比較好。他說，美國的哈佛大學和哥倫比亞大學都是有名的，但是哈佛的哲學是舊的，哥倫比亞的哲學是新的，他本人就是在哥倫比亞學的新哲學。」[7]於是，馮友蘭申請了哥倫比亞大學，並在「新哲學」的訓練下，最終憑藉博士論文〈天人損益論〉（The Way of Decrease and Increase with Interpretation and Illustrations from the Philosophies of the East and the West）獲得哲學博士學位。

通觀一九一五至一九一九年間馮友蘭的經歷與立場，可見其對於「五四新文化運動」的參與、體察與省思並不亞於任何一位以「新青年」名世的「五四學生」。更為重要的是，馮友蘭自認日後其文化立場的形成也同這一時期的經歷直接相關。在北大讀書期間，他發現時人關於「東西」、「中外」、「古今」與「新舊」矛盾的討論很多，但「當時百家爭鳴，多是矛盾的體現，對於矛盾的廣泛解釋和評論，還是比較少的」，所以他決定由此著眼，展開自己對於如何建設「新文化」的思考。馮友蘭夫子自道：「從一九一九年，我考上了公費留學，於同年冬到美，次年初入哥倫比亞大學研究院哲學系當研究生。我是帶著這個問題去的，也可以說是帶著中國的實際去的。當時我想，現在有了一個繼續學哲學的機會，要著重從哲學上解答這個問

5　河南省地方誌編纂委員會總編輯室編，〈馮友蘭回憶《心聲》雜誌〉，《五四運動在河南》（鄭州：中州書畫社，一九八三），頁二三九。
6　〈心聲社告各界書〉，《新中州報》，一九一九年五月七日。
7　馮友蘭，《四十年的回顧》（北京：科學出版社，一九五九），頁一。

題。這就是我的哲學活動的開始。」[8]馮友蘭非但不認為其守成主義的文化主張與「五四新文化運動」相牴牾，反而強調其畢生的「哲學活動」正是根源於此。他的這一陳述較之日後學界對於「五四」的經典論述更為開闊，無疑值得重視。也就是說，在馮友蘭看來，「現代新儒家」的理想與方案同樣內在於「五四新文化運動」的格局與脈絡之中。充其量，他只是另一種「新青年」而已，並非站到了「五四」的平行線或者對立面上。

時至今日，「新青年」的歷史形象已經在一輪又一輪的強化中高度經典化，同時又不免被窄化。而對於「新儒家」的界定，向來莫衷一是。不過，以「五四」前後的馮友蘭觀之，兩者之間的關係尚有更為複雜與纏繞的層面有待勘測。但無論「新青年」還是「新儒家」，都不應在各自十分強大的歷史敘述中走向封閉與排斥異質。唯有面對「矛盾」，「帶著中國的實際」進行思考，方才能在中國生長出真正的「新文化」。

李浴洋，北京大學中國語言文學系博士候選人。

8 馮友蘭，〈三松堂自序〉，《三松堂全集》卷一，頁一七一—七二。

「我就是群眾；群眾就是我」

：五四時期朱謙之的自我書寫和革命想像

肖鐵

群眾的崛起是二十世紀的核心敘述之一。從「離群獨立」到「群眾集合」的轉變在中國現代文藝裡反覆演練（同時也被不斷質詢甚至顛覆），其最精煉的表達可能是詩人天藍四十年代的短詩〈無題〉：「不用太息，／我將遠去：／我隨歷史的戰鬥行進；／我，從單個人／走向人群。」天藍的詩體現了一種「集合的律令」：孤獨的人是可恥的，而分散的「單個人」像魚潛入大海一樣融入群眾則成就了現代革命中國的誕生。群眾的形象與關於集合的歷史、道德話語密不可分地糾纏在一起，成為現代身體政治最重要、最持久的想像載體。而這是與常被指認為中國前所未有的群眾運動——五四運動——分不開的。回顧五四，反思中國群眾話語的現代性，特別是群眾想像與自我書寫之間的關係，「真我」、「無我」、「大我」之間的辯證，少年朱謙之是一個充滿張力和啟發的案例。

一九一七年，十八歲的朱謙之從福州來到北京，就學於北京大學，先讀法學預科，後主修哲學。在校期間，他宣揚無政府主義，號召學生罷考，要求蔣夢麟校長停止頒發學位（因為朱認為學位把知識變成了「贓物」），積極參加五四運動，後被捕入獄。公庭審訊時，他跟審訊人說「我就是宇宙，所以不能不為宇宙做事，眼見宇宙間的痛苦，不能不親自出來，做革命的事業。」服刑期間，他試圖絕食自殺，並寫下這樣的字句：「我有頭顱，要他幹麼？我的心靈，不如早些歸去！」在朱謙之的自敘裡，年輕的自己「天馬行空，不受羈勒，如一片狂熱，不可炙手；英雄之事業，或出於無意識，彼唯知滿足自己之情熱，發揮自己之本我而已。」

在他身上我們可以找到很多五四「浪漫一代」的影子：熱忱、驕傲、更有些瘋癲地要「平沉大地，粉碎虛空」的叛逆者。他自我誇大的狂熱（「我比宇宙還大，寧可為我而犧牲宇宙」）似乎就直接源自他在創造社的好友郭沫若的〈天狗〉。對朱謙之來說，他所做的一切不過是證明了「我這個浪漫的人呀！實在把一切身外，絕不經心，只憑著活潑流通的『真情之流』，任運流轉，舍此以外，我便不知什麼了！」

對自我如此英雄式的浪漫書寫，無疑和郁達夫所講的「五四運動的最大的成功，第一要算『個人』的發見」有親密的聯繫。但極具症候意味的是朱謙之在對自我的痴迷背後卻是同樣近乎狂熱的超越個體的欲望。在他的狂想中，革命正是實現這種欲望的方式。把朱謙之五四時期的自述性文字和哲學寫作做互文性閱讀，我們會發現在他的思想裡「實現那遺世而獨立的真我」的願望和融入革命群眾的衝動，非但不是對立矛盾，反而是互為表裡的：「我就是無我，就是大我。」

在〈革命哲學〉（一九二一，其中幾篇重要章節是在獄中完成的）一書中，朱謙之吸收柏格森（H. Bergson）的創化論和馮特（W. Wundt）的情感理論，並融入禪宗思想和陽明心學，進而提出一種「反知復情」的革命說，用本能、直覺和衝動解釋革命行為，將內在真情自我的自然展示視為革命情緒的表達和最終目的。他斷言：「理知的時代已經過去了」，「組成革命心理的要素，只有情意，沒有知識的」，而「革命的行動，也正是真『情』的流行罷了。」當別人呼籲警惕非理性的迷狂時，他卻高調讚揚「不假思索」的「無思」，認為只有「反知的群眾」爆發出的情感衝動和內心直覺才具有無以倫比的革命價值。「群眾運動正是社會上各個人普遍的自覺，這種自覺，是本能的，不是理知的……『無知』的『知』才是無上的，普遍的『知慧』」。在朱謙之看來，現代的理性個體擁有的不過是「皮相的個性」，需要群眾情感和衝動的洗滌才能獲得真正的革命自覺。只有沉浸於這樣的群眾革命，自我才能「恢復了他元來的心理，所以極其活潑，而且真誠的很。」這種反知復情的回歸不僅僅是個性的重新發現和任情發洩，也同時是超越個體的唯一途徑：如此，才能達到他所說的「我就是群眾；群眾就是我」的境界。

五四的朱謙之凸顯了自我肯定和自我超越之間的緊張，啟發我們重新考量把「內轉」（inward turn）作為現代性的闡釋線索、把局外人和孤傲的叛逆者作為現代個體典型的傳統觀點。現代文學研究常把「個人」的發現與特定文類（比如自傳和成長小說）的流行聯繫在一起，並把這兩者視為現代性「內轉」的標誌。在這類敘述中：「我」擺脫了各種羈絆，一步步解放、挖掘、表現、實現自己。這種解讀往往把現代性的主體定義為內向的、孤獨的、壓抑的、甚至變態的個體自我，並把這個自我與社會／大眾、政治革命對立起來。大都市人群中孤獨、自戀的漫遊者成了現代個體的典型形象，而遠離人群更成了現代文學的重要主題。沿著這樣的思路，「從個人走向群眾」的敘述就常被解讀成一種反動，是群眾對個人的淹沒和吞噬。但對於五四時期的朱謙之，反知復情、回歸個性自存的實體恰恰為了超越個體；推動他唯情主義的不是自我剖析的內省或納西瑟斯式的自我陶醉，而是（借用詹姆遜的話）「一種在自我中無法滿足的動力，這種動力必須通過對現實世界本身的烏托邦式的革命轉變才能得以完成」。他的自敘和政治哲學彰顯了革命與現代性之間的糾結：對「群眾」的發現和對「我」的歌頌通過一種共時、辯證的關係緊密纏繞在一起；在現代性內轉的背後，恰恰是一種現代知識分子強烈的超越個體限制、突破孤寂的欲望。重回五四、重讀朱謙之給予我們機會，重新觀察這種欲望展開的形式，思考現代中國文化與政治想像中群眾的核心性和歷史性、許諾和局限。

肖鐵，印第安那大學布魯明頓校區東亞語言文化系副教授。

沈從文與五四

張新穎

沈從文與五四，不能納入他那一代人與五四關係的大敘述模式中，應該就從他個人來說。這個關係也不固定，隨著時代而發生變化；但卻不是順從於時代潮流而變化，因此就常常顯得不合時宜。

下面從三個時段，來做嘗試性簡述。

一、「你們所要的『思想』」

《從文自傳》最後一節題為「一個轉機」，敘述在湘西軍隊的末期，一個印刷工人帶來新書新雜誌，沈從文讀後感到新鮮異樣，「為時不久，我便被這些大小書本征服了。我對於新書投了降，不再看《花間集》，不再寫《曹娥碑》，卻歡喜看《新潮》、《改造》了。」五四新文化運動不斷擴大滲透的影響，到一九二三年，波及到這個湘西一隅的年輕人，他決定去北京闖蕩另一種生活。這在個人身上產生的震動，說成影響是可以的，而且是彼時彼地的強烈影響，但要說成是「啟蒙」，恐怕就有些過頭了。他說，「我記下了許多新人物的名字」，「崇拜」他們，而且覺得「稀奇」，「他們為什麼知道事情那麼多。一動起手來就寫了那麼多，並且寫得那麼好。」但是緊接著，就來了這麼一句：

可是我完全想不到我原來知道比他們更多，過一些日子我並且會比他們寫得更好。

這個三十歲寫自傳的人，何以如此「前恭後倨」？

他開始寫作，既是為了解決迫在眉睫的實際謀生問題，又是從長遠考慮尋找合乎人生理想的出路。在北大旁聽，與年輕朋友——五四之後的「新青年」——交往，置身於特別的氛圍中，不拘形式的友誼，互相感染的思想、情緒、困惑，躍躍欲試的衝動，彙聚到新文學這個點上，不但增進他對新文學的理解和興趣，更重要的是激起了他寫作的欲望。

按說，他應該很快就變為「新青年」群體中的一分子——他這一代人，如果從事五四所開啟的新文學創作，不就是「新青年」嗎？可他，偏偏不像——因為不夠「新」。

「新青年」之「新」，在於拋棄「舊我」，獲得「新生」，其間的關鍵，是經歷現代思想和觀念的「啟蒙」而「覺醒」，否定「覺醒」之前的階段而確立「新我」。沈從文身上沒有發生斷裂式的「覺醒」，他的自我是以往所有生命經驗的積累、擴大和化合，有根源，有來路。他逐漸清晰而堅定地相信，他的現在和將來，他的文學，也根植於此。

《從文自傳》還說：那個工人告訴他，「白話文最要緊處是『有思想』，若無思想，不成文章。當時我不明白什麼是思想，覺得十分忸怩。若猜想得著十年後我寫了些文章，被一些連看我文章上所說的話語意思也不懂的批評家，胡亂來批評我文章『沒有思想』時，我即不懂『思想』是什麼意思，當時似乎也就不必怎樣慚愧了。」

既不「啟蒙」，又不「革命」，不能跟著時代「前進」，不必多說，似乎自然就是「沒有思想」——如果「思想」是時代潮流的強勢話語所定義和壟斷的，是「拿來」放到你面前要你「接受」和「武裝」的話。

在「思想」的時代，在潮流定義「思想」的變幻中，「沒有思想」當然「落伍」。一九三四年，沈從文發表〈《邊城》題記〉：

> 照目前風氣說來，文學理論家，批評家，及大多數讀者，對於這種作品是極容易引起不愉快的感情的。前者表示「不落伍」，告給人中國不需要這類作品。後者「太擔心落伍」，目前也不願意讀這類作品。這自然是真事。「落伍」是什麼？一個有點理性的人，也許就永遠無法明白，但多數人誰不害怕「落伍」？我有句話想說：「我這本書不是為這

> 種多數人而寫的。」……這本書的出版，即或並不為領導多數的理論家與批評家所棄，被領導的多數讀者又並不完全放棄它，但本書作者，卻早已存心把這個「多數」放棄了。

「多數」有「思想」或要求「思想」，「沒有思想」就不是那麼容易的事了，就需要沒有潮流力量支撐的個人的堅持，沈從文有的，就是這種個人的堅持：「我的讀者應是有理性，而這點理性便基於對中國現實社會變動有所關心，認識這個民族的過去偉大處與目前墮落處，各在那裡很寂寞的從事於民族復興大業的人。這作品或者只能給他們一點懷古的幽情，或者只能給他們一次苦笑，或者又將給他們一個噩夢，但同時說不定，也許尚能給他們一種勇氣同信心！」

過了兩年，沈從文又在〈習作選集代序〉中，總結自己十年來的創作歷程，強硬回應一直伴隨這一歷程的不絕責難：「只是可惜你們大多數即不被批評家把眼睛蒙住，另一時卻早被理論家把興味凝固了。你們多知道要作品有『思想』，有『血』，有『淚』；且要求一個作品具體表現這些東西到故事發展上，人物言語上，甚至於一本書的封面上，目錄上。你們要的事多容易辦！可是我不能給你們這個。我存心放棄你們，在那書的序言上就寫得清清楚楚。我的作品沒有這樣也沒有那樣。你們所要的『思想』，我本人就完全不懂你說的是什麼意義。」

「思想」的社會功能之一，是常常被用來劃分和標示群體、派別，沒有群體或派別「所要」的「思想」，自然也就在群體或派別之外，在「多數」之外。

沈從文的「前恭後倨」，倒不是對五四新文學有多大意見，而是，從他自己的觀察和感受出發，他並不認同這個文學運動很快就發生了的轉變：在一九二七年前後，先是商業力量的介入，再是政治力量的爭奪，文學的「場域」一會兒像逢場作戲的舞台，一會兒又是以筆為槍的陣地，而所謂「思想」云云，有時不過是時代變化的症候，隨大勢發聲而已。

沈從文自有他的思想，只是這是他個人的思想，是從他自己的生命經驗與現實摩擦碰撞中產生出來的，是生成之中的，不是凝固的，不是外來的，不是現成的，不是跟隨潮流大勢的。用現成思想、潮流思想的眼光打量他的作品，看不到想看到的東西，對不上號，就以為是「沒有思想」了。這樣的情形，在匆忙而沒有耐心的時代——時代的思想也匆忙而沒有耐心——似乎也無足深怪？

沈從文在〈作家間需要一種新運動〉中感歎：「提起『時代』，真是一言難盡。……這名詞本來似乎十分空虛，然而卻使青年人感到一種『順我者生逆我者滅』的魔力。這個名詞是作家製造出來的，一般作者仍被這個名詞所迷惑，所恐嚇。」

二、不合時宜反覆談五四精神

抗戰以後，發生了一個重要的變化：沈從文異於往常，也異於其他多數人，頻頻談論五四，每年都寫幾篇文章，一直持續到一九四八年。問題是，不論救國救亡，還是緊接其後的國共內戰，各有當務之急，五四都不再被時代潮流認為是適宜的話題。

沈從文這一系列文章反覆強調：五四開啟的新文學運動，興起之初，以大學為中心向社會發散，但在以後的發展變化中，與大學、與教育脫離，先是與商業結緣，接著與政治攜手，顯出墮落之勢；所以需要文學運動的重建，把文運從商場和官場中解放出來，再度與學術和教育結合，這樣「一面可防止作品過度商品化與作家純粹清客家奴化，一面且可防止學校中保守退化腐敗現象的擴大。」

前前後後這些文章，從不同的人看來，感受的重點不甚相同。在作者自己，深憂痛感，鬱結於心，迫不得已，不吐不快，乃至一說再說；友人或不免擔心，如此多管閒事，難保不惹是生非；出於好意而惋惜者也多有人在，以為捨小說創作而做這種批評，實非必要。左翼文壇反應激烈，一批文化人撰文反駁，誤解越深，敵意越重，文章的意思越被簡化，乃至標籤化。

沈從文並非「純文學」論者、主張「為藝術而藝術」的人，他回溯五四以來的新文學運動，認定它是「廿年來這個民族向上掙扎的主力」；時至今日，它仍然應該傾心致力於「社會重造」和「民族重造」的長遠願望，努力恢復文學革命初始的莊嚴、勇敢和天真，以避免淪落為某時某地某種政治或政策的工具，附庸依賴的流行貨和裝飾品。

這是一個耐人尋味的現象：在抗戰的大環境和救亡的迫切形勢下，以及在此後民族內部你死我活的激烈戰爭期間，沈從文偏偏反世違俗，成了一個不合時宜的五四精神反反覆覆的絮叨者，不僅談文學時如此，新的現實中所遭遇的種種刺激，都能觸發他從五四的立場做出反應：批評陳銓的〈論英雄崇拜〉，他標舉的是五四倡言的民主政治、科學精神和個人自覺，明確反對集權與領袖獨裁式的「英雄崇拜」；談論婦女問題，他覺察到的是五四所爭取的女性解放，在後來的現代教育中，並沒有進一步引導和落實到放大女性的生命和人格，〈燭虛〉之一、之二論女子教育，痛心於「類型女子」，「做人無信心，無目的，無理想，正好像二十年前有人為她們爭求解放，已解放了，但事實上她並不知道真正要解放的是什麼」，「若想起這種青年女子，在另一時社會上還稱她們為『摩登女郎』，……會覺得這個社會退化的可怕。」他所置身其中的知識階層，沒有遠慮，沒有生活理想，「把一部分生命交給花骨頭和花紙，實在是件可怕和可羞事情。」他的觀察或有個人化的局限和偏頗；不過由五四檢視當今，從文學運動、社會思想到文化生活，在他個人看來，諸多方面的確見出歷史過程中的「墮落」和「退化」。一些現象或為平常，而人若熟視無睹，一些個人習慣和嗜好，亦似乎不必小題大作，沈從文卻嚴苛對待，即使親近的人有時也難以理解他為什麼要如此操心焦慮。他有一個基本的出發點，這個出發點位於他觀察、感受、評判的中心，即「從全個民族精力使用方式上來說」，以此來衡量眼前的種種人事，他不免陷入苛人而自苦的境地。

而面對「民族自殺」的悲劇，沈從文更是焦心如焚，他的五四論說，明知必會得罪雙方，陷自己於被夾擊之地，仍然忍不住要一再發聲。其心也不忍，其聲也哀痛：

> 一九四七年五月，發表〈五四〉：「五四又來了，紀念了快有三十次，這個國家的破產光景卻已差不多了。各種火都還正在燃燒，一直燒到許多人的心上。……我們要從戰爭以外想辦法，用愛與合作來代替仇恨，才會有個轉機。」

一九四八年五月四日，同時發表兩篇短文，〈紀念五四〉和〈五四和五四人〉，前一篇重提五四精神的「天真」和「勇敢」，重申文運應與商場、官場分離，同教育、學術聯結，「爭取應有的真正的自由與合理的民主，希望它明日對國家有個更大的貢獻！」後一篇說，五四人「即從事政治，也有所為有所不為，永遠不失定向，決不用縱橫捭闔權譎詭祟自見。……其次是對事對人的客觀性與包涵性，對於政見文論，一面不失個人信守，一面復能承認他人存在。……民主與自由不徒是個名詞，還是一個堅定不移作人對事原則。」

三、更為悠久的「有情」歷史

此後的歲月，用不著沈從文來談五四。他自己在時代轉折之後陷入更大的困境：他的文學遭遇了新興文學的挑戰，這個挑戰，不僅他個人的文學無以應付，就是他個人的文學所屬的五四以來的新文學傳統也遭遇尷尬，也就是說，他不能依靠五四以來的新文學傳統來應對新興文學；況且，他個人的文學和五四以來的新文學傳統的主導潮流，並非親密無間。但他又不願意認同新興文學和新時代對文學的「事功」「要求」。這個時候，就需要一種更強大的力量來救助和支撐自己。一直隱伏在他身上的歷史意識此時甦醒而活躍起來，幫助他找到了更為悠久的傳統。

一九五二年，在四川內江參加土改工作的沈從文，由當前而回想過去，由回憶而串聯起個人生命的歷史，自是感慨萬千；感慨之上，更有宏闊的進境：個人生命的存在，放到更為久遠的人類歷史的進程中，會是怎樣莊嚴的景象？

萬千人在歷史中而動，或一時功名赫赫，或身邊財富萬千，存在的即儼然千載永保……但是，一通過時間，什麼也不留下，過去了。另外又或有那麼二三人，也隨同歷史而動，永遠是在不可堪忍的艱困寂寞，痛苦挫敗生活中，把生命支持下來，不巧而巧，即因此教育，使生命對一切存在，反而特具熱情。雖和事事儼然隔著，只能在這種情形下，將一切身邊存在保留在印象中，毫無章次條理，但是一經過種種綜合排比，隨即反映到文字上，因之有《國風》和《小雅》，有《史記》和《國語》，有建安七子，有李杜，有陶謝……

> 時代過去了，一切英雄豪傑、王侯將相、美人名士，都成塵成土，失去存在意義。另外一些生死兩寂寞的人，從文字保留下來的東東西西，卻成了唯一聯接歷史溝通人我的工具。因之歷史如相連續，為時空所阻隔的情感，千載之下百世之後還如相晤對。

沈從文的思想最終通到了這裡：一個偉大的文化創造的歷史，一個少數艱困寂寞的人進行文化創造的傳統。

他在老式油燈下反覆翻看從糖房垃圾堆中撿來的一本《史記》列傳，夜不成寐，進入「有情」的歷史：「有情」從哪裡來？「過去我受《史記》影響深，先還是以為從文筆方面，從所敘人物方法方面，有啟發，現在才明白主要還是作者本身種種影響多。……事功為可學，有情則難知！……特別重要，還是作者對於人，對於事，對於問題，對於社會，所抱有態度，對於史所具態度，都是既有一個傳統史家抱負，又有時代作家見解的。這種態度的形成，卻本於這個人一生從各方面得來的教育總量有關。換言之，作者生命是有分量的，是成熟的。這分量或成熟，又都是和痛苦憂患相關，不僅僅是積學而來的！年表諸書說是事功，可因掌握材料而完成。列傳卻需要作者生命中一些特別東西。我們說得粗些，即必由痛苦方能成熟積聚的情——這個情即深入的體會，深至的愛，以及透過事功以上的理解與認識。」

千載之下，會心體認，自己的文學遭遇和人的現實遭遇，放進這個更為悠久的歷史和傳統之中，可以得到解釋，得到安慰，更能獲得對於命運的接受和對於自我的確認。簡單地說，他把自己放進了悠久歷史和傳統的連續性之中而從精神上克服時代和現實的困境，並進而暗中認領自己的歷史責任和文化使命。

新時代，「時間開始了」，他卻進入了「舊時間」的漫漫「長河」。

同時，這也彷彿是自己過去生命中的經驗重新連接了起來，譬如：當二十一歲的軍中書記從中國古代文物和藝術品中感受人類智慧的光輝時；當三十歲的小說家的自傳寫到「學歷史的地方」來回憶這段經歷時；當一九三四年一月十八日在回鄉的河流上徹悟「真的歷史卻是一條河」，而「從那日夜長流千古不變的水裡石頭和砂子，腐了的草木，破爛的船板，使我觸著平時我們所疏忽了若干年代若干人類的哀樂」時……而生命經驗的重新連接和貫通，將一直延伸到他未來以研究文物和物質文化史安身立命的後半生歲月中。

張新穎，上海復旦大學中國語言文學系教授。

文化，思想，歷史——

五四@100

MAY FOURTH @ 100

五四：「文化」還是「武化」？

袁一丹

「五四」的合法性，我們今天看來，當然是毫無疑問的，但在一九二〇年代初，還是一個懸而未決的問題。「五四」為什麼會發生，它的精神是什麼，從中可以得出怎樣的經驗教訓，這些都是敵友之間以及同盟內部爭執不休的話題。「五四」的權威正是在反覆的辯難、修正中確立起來的。

運動發生的即刻，就連陳獨秀這樣激進的新派人物，也未能立刻辨認出「五四」與尋常的學生風潮迥異的面目，更沒有意識到這一事件的「偉大」意義，及其背後蘊藏的社會能量。他的第一反應竟然是「學生鬧事」！陳獨秀給胡適通風報信時，描述了「五四」當天的混亂情形，接著說「京中輿論頗袒護學生。但是說起官話來，總覺得聚眾打人放火，難免犯法」。

梁漱溟對學生運動的表態，正面指出「五四」的不合法性。梁氏以為幾千年的專制養成了國人要麼「揚臉橫行」、要麼「低頭順受」的習慣，得勢時明明犯禁卻倚仗民意，不願接受法度的裁判，他主張學生集體自首，遵判服罪。梁漱溟這種論調即便中理，在當時狂熱的空氣中，顯然是不合時宜的。因為「五四」的合法性並非建立在法理基礎上，要解決這一問題，只能依靠輿論的引導，盡量淡化、袪除「五四」的「非法」色彩，將突然崛起的學生群體導入平和的方向。《晨報》發起的「五四紀念」，就含有這樣的意圖。

《晨報》算是輿論界與「五四」淵源最深的，雖帶有黨派背景，還一度被譽為學生的機關報。它為「五四」舉辦一年一度的生日會，有社會儀式的意味，不是單純的黨派行為。其作者群大致可以歸為三類：一是五四運動的主角——學生，二是社會名流，以北大教授為主，三是《晨報》所屬的研究系的頭面人物——梁啟超及圍繞在他周圍的報館主筆。紀念者的身份無疑會影響到各自對「五四」性質的界定。

學生內部爭執的焦點是：「五四」究竟是文化運動，還是「武化」運動？作為學生運動的骨幹分子，羅家倫認為所謂社會運動不光是群眾的表演，還要重新喚起對個人的重視，而文化運動的目的未嘗不可與思想革命的計畫合二為一，並「以思想革命為一切改造的基礎」。羅家倫的規畫是想把「五四」後學生運動的走向納入《新青年》一派未盡的事業中。

儘管學生領袖極力要將「五四」扭到文化運動的軌道上去，仍然不能消除「無知」小民對學生「打人」的印象。當年還是學生，後來執掌《晨副》的孫伏園就聽老輩議論，說「五月四日是打人的日子，有什麼可以紀念呢？」在他看來，「五四」以前的宣傳活動，即《新青年》

同人的主張，「很有點像文化運動」，卻未能引起國人應有的注意，「直到青年不得已拔出拳頭來了，遂大家頂禮膜拜，說這是文化運動，其實這已是武化運動了。」

作為學生運動基層的活躍分子，張維周的見解更為激進，聲稱五四運動所以可貴，正在學生肯起來打人這一點上。「『五四』以前雖已有新思潮的呼聲，然只是理論上的鼓吹，對於實際的政治問題，還未見發生什麼影響。」惟有「五四」，學生「認真拔出拳頭，實行與外力及民賊宣戰」，這種舉動「比文化運動更有效果」。所以五四運動的真價值，就在不用「筆頭」，而用「拳頭」，不是「文化」而是「武化」！

北大教授關注的問題，也是整個「五四紀念」的核心議題：學生應否干預政治？一九二〇年的紀念文章中，胡適、蔣夢麟稱「五四」為變態社會裡的非常事件，希望將街頭、廣場的學生運動收束為校園內部的學生活動。「五四」在他們眼裡也是「出軌」的運動，這裡的「軌」不是國家的法軌，而是教育者預設的思想進程。到了第二年的「五四紀念」，胡適對學生干政的態度陡轉，借清初大儒黃宗羲之口，稱讚學生運動是「三代遺風」！《晨報》及其副刊上的「五四紀念」，雖說不是純粹的黨派行為，但也不是毫無主見的。一九二〇年「五四」一週歲誕辰之際，該報就在紀念增刊之外，發布了題為〈五四運動底文化的使命〉的社論，為紀念活動定下基調。主筆陳博生稱五四不是「高等流氓底政治活動」，也不是「偏狹的國家主義底愛國運動」，而是社會的運動、國際的運動，如此才配在文化史上占據一席之地。從文化史的意義上為「五四」定位，符合《晨報》二十年代初期的輿論導向。

為首屆「五四紀念」打頭陣的是研究系的精神領袖梁啟超。梁氏也承認「五四」本身不過是一場局部的政治運動，但這場政治運動以文化運動為原動力，繼而又促成了澎湃於國內的新文化運動。「今後若願保持增長『五四』之價值，宜以文化運動為主而以政治運動為輔。」以文化運動為政治運動的根基，是梁啟超一九一七年底淡出政界後形成的思路。他所謂的文化運動，骨子裡仍是一種泛政治的，或者說為政治重新「起信」的運動。

「五四紀念」就是不斷轉義、不斷正名的過程，以紀念的名義，給「五四」添加進新的意義，同時塗抹掉不合時宜的界說。一九二〇年代中期五四運動逐漸被一般社會所淡忘，以致「篤於念舊」的《晨報》也放棄了一年一度的紀念活動。紀念的枯竭，從虛的方面講，基於社會心理的變遷；從實的方面說，與五四運動的主角——學生身分的轉變有關。二十年代前期的文化運動，包含著新勢力的培植與舊勢力的重組，其實是失去民意的政黨政治恢復聲譽、積蓄能量的過程。學運分子加入黨籍可以說是從文化運動到政治運動的轉轍器，戳穿了文化運動與政黨政治表面上水火不容，事實上水乳交融的關係。

袁一丹，首都師範大學文學院副教授。

五四遺事·《戲劇春秋》

蔣漢陽

許多人老了，許多事老了，而台前的喝采聲與台後的艱苦工作「今猶昔也」！這是戲，然而這不是戲。演戲的和看戲的，一同活在台上了。

——鳳，〈題戲劇春秋〉，《世界晨報》，一九四六年三月二日，第三版

一九三七年四月二十七日，上海戲劇界的幾位要人應《光明》雜誌邀請，在中國飯店茶敘聚餐，史稱「劇運懷舊座談會」。據報導，除去出差在外的田漢和洪深，中國話劇運動的元老與小將，如歐陽予倩、馬彥祥、沈西苓、應雲衛、唐槐秋、陳波兒、王瑩、藍蘋、張庚、章泯、夏衍等，悉數到場。會議主席開宗明義，謂當前的劇運形勢雖一片大好，然而殷鑑不遠，諸位不妨撫今追昔，陳述從前的種種經歷，或艱苦，或有趣，以期為後之來者提供參照。眾人也毫不謙讓，這邊談起旅日學生的演劇舊聞，那廂議論文明戲班如何輾轉於「謀得利」和「笑舞台」。

言笑間，應雲衛格外惹人注目。他十六歲時捲入「五四」運動的漩渦中，成為上海「少年宣講團」化裝演講部的一員。該團在二〇年代初四處奔走，足跡遍布松江岳廟、浦東三林乃至江蘇無錫，專演些擊殺漢奸、義女報仇一類的警世新劇勸化國人，順帶還販售自製的書聯堂幅及改良小調，所到之處，觀者莫不擁擠異常。由於主張演有劇本的戲，應同其他團員漸生嫌隙，隨後經另一位團員谷劍塵介紹，加入了上海「戲劇協社」，專扮反派，或是講蘇白的姨太太。一九二三年夏，留美歸來的洪深加入協社，就任排練主任，開始強調導演中心制，提倡男女同台。此後的事，便是話劇史上的老生常談：男女合演的《終身大事》與全男班的《潑婦》聯軸亮相，應雲衛「男扮女裝」陳芷祥（《潑婦》的女角之一）遂顯得破綻百出；一年後，改譯本《少奶奶的扇子》在陸家浜職工教育館公演，用硬片布景，真窗真門，大獲成功，「標誌著中國話劇的成形」。

業內人士自造家譜，免不了「球員加裁判」的嫌疑：凡事總不忘往好的方面講，即便偶遇挫折，也不至不知伊於胡底，終有一日會守得雲開。然而精心敷演的主流敘事畢竟經不起仔細推敲。試以「話劇」的命名和男扮女裝為例。學者已指出「話劇」一詞最早出現在一九二二年陳大悲起草的人藝劇專章程上，與「歌劇」並列；而以往的史家卻將之歸功於洪深——好像出頭椽子，總是先行一步朽爛的。話劇之所以叫「話劇」，也不是想當然耳的題名，更非一位海歸學人從天而降，如有神助般（deus ex machina）力挽狂瀾的產物。晚清以降在下層社會開展的宣講、講報、演說等活動，為引車賣漿者流「口語啟蒙」，無疑開啟了「話」劇的先聲；與興轟轟的白話文運動，自然與它冥冥相契，雖然運動本身漏洞百出——「白話」並不「平民」，原先意指「方言」的vernacular誤解為「官話」或「國語」，而「文言合一」也不過是虛浮的幻想；論者標舉二〇年代荷李活電影「日常」、「流通」、「可譯」乃至「特殊經驗普遍化」的「白話現代主義」（vernacular modernism），似與新劇自詡的平易近人殊途同歸。揆諸世界劇史，戲劇語言的通俗化遠非中土獨此一家。史坦納（George Steiner）考察西方悲劇對白變韻文（verse）為散文（prose）的歷史演化，點出前者主要用來突出帝王神祇如何進止雍容、氣宇不凡，指涉超然物外的形上世界，而散文則代表下里巴人的俚俗淫猥、口無遮攔，並同現代貨幣經濟和中產階級的崛起息息相關。相形之下，近代中國不也正處在王權解紐、放逐諸神、禮失求諸野的時刻？最後，梨園弟子卸下粉妝換上油彩，撤去機關布景一類的噱頭，注重自然流露的「表情」而非綺麗考究的「做工」，撇演民眾頗感隔膜的種種「主義」，於是話劇又成了柏拉圖意義上的「反做戲的戲劇」，或曰「觀念的戲劇」（the drama of ideas）：重宣教求知，輕場面功夫。

再看男扮女裝。理論家常愛發掘易裝（transvestite）的激進潛能，彷彿雌雄一經喬裝，便能混淆以「正常」、「自然」之名劃定的性別範疇。塞內利克（Laurence Senelick）提醒我們，舞台上的易裝反串，與其說是「混淆」，不如說是「發明」了一種全新的範疇。文明戲好「男扮女」，一方面是戲曲積習、風俗律法使然，另一方面則是模仿日本新派劇「女形」的結果；

而女形的扮相，又雜糅了歌舞伎的「若眾」行當（貌若少女的孌童！）與西方通俗劇在塑造女性形象時運用的過火程式。這形形色色的性別疊加在一起，對台下的看客來說倒真是亂「性」漸欲迷人眼（an ever-changing kaleidoscope of gender）了。值此，五四眾將津津樂道於男女同台，似乎還洩露了他們的隱憂：性別的錯亂游移意味著國民精神的斲傷，而真假莫辨就約等於是非不分，社會風氣敗壞也在所難免了。

言歸正傳。時間來到一九四三年，距離前述座談會已六年有餘，同上海「戲劇協社」的封箱演出《怒吼吧，中國！》也相去十年光景。[1]是年九月七日，應雲衛及其好友在重慶中央青年劇社舉辦紀念茶會，慶祝應四十歲生日。會議由洪深主持，潘孑農和石凌鶴發言，回顧劇運草創期的情形，歷數應雲衛的功過得失。坐在台下的「中國藝術劇社」成員宋之的和于伶得了靈感，起了創作的衝動。其實，當天早些時候，兩人已經看到夏衍發表在《新蜀報》上的祝壽文，稱應雲衛一人的經歷，足以涵蓋中國新興劇運的歷史。三人一拍即合，「鼎足雜談」了月餘時間，合議情節人物與故事結構，然後分頭執筆，最終完成劇本《戲劇春秋》。

從體裁上看，《戲劇春秋》屬於影射文學（roman à clef），因為劇中人是以現實中的人物為模特兒塑造的。除作者明言男主角陸憲揆的原型就是應雲衛本尊外，像戲中的陳叔謨直接以「戲劇協社」成員陳憲謨為藍本，連姓名都只改了一個字；演出後也有觀眾認出杜若燕就是「南國劇社」的唐叔明；再如第四幕第五場中，為了讓梁孟輝趕鴨子上架，把草草排就的戲搬上舞台，陸憲揆不得已向他下跪討饒，其實是一九四三年國泰劇場公演《復活》時，應雲衛和導演陳鯉庭起了類似爭端後雙膝跪倒的寫照。然而正因為用了「春秋」筆法，讀者和觀眾不僅止於索隱附會而已，還能感受到編劇的立場和愛憎。[2]從劇情時間上看，《戲劇春秋》始於「五四運動」之後，終於「八一三」抗戰前夕，所以又可以稱其為「編年史劇」（chronicle-play）。三位編劇沒有採用現代戲劇常用的補敘（exposition）技巧（也即情節上來就臨近高潮，直奔主題〔in medias res〕，人物的前史通過三兩句對話便交代完畢），卻把完整的戲劇行

---

1 在此期間，應雲衛多次改換門庭。南京的國立戲劇學校、中國舞台協會，上海的「藝華」、「電通」、「明星」電影公司，都曾留下他的足跡。銀幕事業如火如荼之際，他卻要辭掉影廠廠務主任，另組職業劇團，據傳已獲影壇巨頭周劍雲二萬元的贊助。不久又打消自立門戶的念頭，跟著上海「業餘實驗劇團」（前身為上海業餘劇人協會）做戲，月入兩百元，由「新華」影片公司老闆張善琨負擔。「八一三」戰端一開，應迅速投身戲劇游擊戰，同鄭君里一道，領導上海救亡第三、四演劇隊沿京滬線下鄉演劇。除此之外，他還以「明星」公司職員的身分加入中國電影製片廠，趕拍國防電影《八百壯士》，又在一九四〇年率片廠下屬「西北攝影隊」遠赴內蒙，費時三月攝製《塞上風雲》，期間還造訪延安，與毛澤東會晤。皖南事變後，經陽翰笙提議，應正式向製片廠廠長鄭用之遞交辭呈，出任重慶「中華劇藝社」社長，獨居在中蘇友協門側的一間陋室。

2 俄國作家布爾加科夫（M. Булгаков）的《劇院情史》（*Театральный роман*）即是一例。主人公馬克蘇多夫（Максудова）沉浮劇壇，屢遭碰壁，一方面是布氏對莫斯科藝術劇院在一九二〇、三〇年代那段歷史的秉筆直錄（儘管是加以漫畫化的），另一方面則投射了他回首從藝經歷時悲欣交集的心緒。

動置於畫框內，於是觀者得以親眼目睹陸憲揆的性格發展。當然，誠如阿契爾（William Archer）所言，發展不代表劇烈的改變，而是「揭穿」（unveiling）或「揭示」（disclosure）。換句話說，一齣戲結束時，主人公通過重重考驗，其本質即如底片中潛藏的圖像，經了顯影液沖洗後便歷歷可見：對外，陸憲揆人情練達，世故洞明；對內，他隱忍擔責，顧全大局。

在此我要強調的是，《戲劇春秋》和啟發該劇的不計其數的座談會一樣，參與了對中國劇運史的「二次演繹」（twice-behaved behavior），或曰「行為重建」（restoration of behavior）——如果說「表演」的目的，正在於「擷取過去片段，重新製造新意」的話。其次，考慮到《戲劇春秋》的各幕代表劇運的不同階段，且每演一幕都有新人加盟、老人離去甚至死去，我可以強烈地感受到劇作者作為「五四」遺老，害怕在接踵而至的歷史進程中掉隊的心態。也正因為如此，「老少年」們才會嘗試著運用具體可感的形式，來鎖住他們年輕時（業已失落的）榮光。[3]第三，陸憲揆與其同儕似乎遭遇了五四一代人所面臨的「列寧式困境」（the Leninist dilemma）。一方面他們相信，有客觀的力量在推動歷史朝著可預見的未來前行；另一方面，他們卻在當下的此時此刻屢戰屢敗。《戲劇春秋》中的多數角色都在積極爭取演出，改變現狀，然而收效甚微，劇團的情況並沒有一天天好轉。第一幕裡，陸憲揆的未婚妻馮韻荷頂著「假宣講之名，行誨淫之實」的標籤登台，惹得她父親馮老太爺怒闖後台抓人；到了最後一幕，年輕演員穆玲貞的父親居然還到後台來干預愛女演劇。面對此情此景，另一位團員江涵不禁感嘆：「二十年了，世界變了，然而女孩子在社會上做事，同樣地還有著二十年前的困難。」因此，當眾人興奮的歡呼「溶成一片歌聲」時，我們有理由懷疑，在「外面大炮之聲不絕」的陰影下，他們是否又一次過早地估計了形勢？

《戲劇春秋》還可帶出其他解讀：如「愛美劇」和「職業化」的分歧——演員究竟是份追名逐利的職業，還是值得終身奮鬥的「志業」（beruf）？該劇對從影人士頹靡懶散的刻畫，是否反映了彼時劇界對電影這一新興工業的輕視，或欲拒還迎？現實中的應雲衛和虛構的陸憲揆都是進步分子，然而舉手投足間，他們卻處處可見布爾喬亞的作派，不啻又為激進與摩登、名利場與革命場，劃下等號。有心者若要排演《戲劇春秋》，演員們在詮釋劇中的一位位「演員」時，想必遊走於多個心理層次間，或本色出演，或批判觀照，或引起身世之感，個中奧妙，豈是「像真」、「定型」、「模擬」、「職業」、「體驗」、「形式」一類演技標籤能涵蓋的？[4]

3　此處的分析參考了宋明煒對「老少年」的解讀，參考Mingwei Song, *Young China: National Rejuvenation and the Bildungsroman, 1900-1959* (Cambridge, MA: Harvard University Asia Center, 2015), p. 130.

4　我們可以參考一九四六年的一則評論：「以外形論，藍馬與應雲衛亦毫無相似之點，老應是高個子，老應是長臉，藍馬是闊臉，老應是白臉，藍馬是黑臉……總之，人們決不相信藍馬能演應雲衛，直止戲上演為止。等到戲一上演，人們不能不開始懷疑自己的眼睛了。『太像了！』『彷彿是真的；』『活像真的老應一樣！』『簡直是老應！』『比應雲衛本人還像』。」

篇幅所限，無法展開，我們最後從書齋轉到舞台。一九四三年「中國藝術劇社」在重慶公演《戲劇春秋》，鄭君里出任導演，演員藍馬扮演陸憲揆。一九四四年五月九日至十八日，《戲劇春秋》參加了在桂林舉辦的「西南劇展」，「新中國劇社」出品，瞿白音導演，陸憲揆一角由嚴恭扮演，觀者褒貶不一，甚至引來了刺耳的撻伐：「盡寫些爭角色、鬥嘴、莫名其妙的劇作家、明星架子……這種避重就輕，這種忽略本質、重視趣味的春秋筆法，我以為是不足取的」。言下之意，「你那套過時了，收起你那套，你靠邊吧！」

抗戰結束後，《戲劇春秋》又從內地來到上海，仍由藍馬擔綱主演，打出廣告語「二十年劇壇滄桑紀，五十位藝人浮沉錄」。藍馬演出小結中的一句話，耐人尋味：「今天的中國戲劇運動受了整個國運的支配，它現實所遭遇著的苦難，已經把這劇本裡所描寫的歷史上的悲痛沖淡了。因此，我感到在今天上演這個戲已經沒有生命味道」，一語成讖。應雲衛／陸憲揆們的「戲劇春秋」還會上演，卻是以出乎他們意料之外的形式繼續下去。一九四九年，上海電影話劇界的骨幹們走上街頭，歡慶勝利。人群中，頭頂鴨舌帽，身著中山裝，仍帶有些許「克臘」遺風的應雲衛怎麼也不會想到，十七年後他將在遊街時慘死於此地。

蔣漢陽，英屬哥倫比亞大學戲劇與影視系博士候選人。

「五四」在台灣的實踐
——魏建功與光復後台灣的國語運動

黃英哲

台灣的國語運動是要把「言文一致」的實效表現出來，而使得「新文化運動」的理想也得到最後勝利。

——魏建功

一九四五年，二戰結束，日本戰敗，台灣脫離日本殖民統治，復歸中國（中華民國）版圖。至四九年中華人民共和國建國，國民政府撤退台灣之前，是台灣光復後初期文化、思想開放的黃金時段。一群深受五四洗禮的學者、文化人，如許壽裳、臺靜農、李霽野、李何林、魏建功等人率先來台，在不同的崗位上，落實五四理想。其中一位中國語言、文字學者魏建功（一九〇一—一九八〇），眾所皆知，在中共建國後的《新華字典》編纂與漢字簡化方案的制定，做出傑出貢獻，晚年卻因「梁效」問題，鬱鬱而終。今天台灣的國語（中國大陸謂漢語或普通話）之全面普及，和五四理想之一的「言文一致」徹底在台灣落實，魏建功是最初的推手，兩岸不能因為政治因素，將他遺忘或抹消他的存在。

光復後初期，台灣的言語使用狀況，所謂台灣語，粗分為三大語系，說福建語的，約佔台灣總人口約百分之七十二・八三。說廣東語的約佔百分之十三，說高砂語（原住民語）的，約佔百分之四・三（鄭啟中，〈台語、日語、國語在台灣〉，《和平日報》，一九四六年八月五日）。根據推算，二戰結束前夕，台灣的日語普及率約為百分之七十，當時台灣的人口約六百萬，日語的使用人口至少有四百二十萬。因此，光復後，台灣雖然復歸中國，基本上仍屬於日語文化圈內。當時實際治理台灣的台灣省行政長官公署長官陳儀也深知台灣的言語狀況，在一九四六年度工作要領即宣示「台灣既然復歸中華民國，台灣同胞必須通中華民國的語言文字，懂中華民國的歷史（中略）。我希望於一年內，全省教員學生，大概能說國語、通國文、懂國史」（《陳長官治台言論集》第一輯（台北：一九四六）），為此，陳儀聘請魏建功來台擔任台灣省國語推行委員會主任委員，負責光復後台灣言語重整的國語運動工作。

魏建功於一九四六年一月底抵達台北，除了立即展開台灣省國語推行委員會籌備工作外，還展開旺盛的文筆活動，闡述在台灣推行國語的意義、方針與方法。

他一抵台後，即發表〈「國語運動在台灣的意義」申解〉，開宗明義地宣導「中華民國人民共同採用的一種標準的語言是國語，國語是國家法定的對內對外，公用的語言系統。……國語包括（一）代表意思的聲音叫『國音』，（二）記錄聲音的形體叫『國字』，（三）聲音形體排列組合表達出全部的思想叫『國文』」（《現代週刊》一卷九期（一九四六年二月二十八日）），並宣示：「台灣光復了以後，推行國語的唯一意義是『恢復台灣同胞應用祖國語言聲音和組織的自由』（中略）。我們還有一個目標，也可說是期望統一國語的效果『言文一致』（中略）。所以我們在台灣的國語推行工作不僅是傳習『國音』和認識『國字』兩件事，而最主要的就是『言文一致』的標準語說寫」（〈國語運動在台灣的意義〉，《人民導報》，一九四六年二月十日）。

因此，魏建功在台灣推行國語運動的目標是要使台灣人能夠講「國音」、認「國字」、寫「國文」，他也不諱言他的最終理想是「台灣的國語運動是要把『言文一致』的實效表現出來，而使得『新文化運動』的理想也得到最後的勝利」（同上述〈「國語運動在台灣的意義」申解〉），其主要原因乃是五四以後的言文一致運動，因為中國內外政局動蕩之故，遲遲未能徹底實現。顯然的，魏建功希望五四新文化運動基本理想—言文一致，能夠率先在光復後的台灣實踐。魏建功又進一步揭示台灣省國語運動綱領（《新生報》，一九四六年五月二十一日）：

一・實行台語復原，從方言比較學習國語。

二・注重國字讀音，由「孔子白」（按：指台灣話讀音）引渡到「國音」。

三・刷清日語句法，以國音直接讀文達成文章還原。

四・研究詞類對照，充實語文內容建設新生國語。
五・利用注音符號，溝通各族意志融貫中華文化。
六・鼓勵學習心理，增進教學效能。

在這個綱領裡，值得我們注意的是，魏建功一開始就明確的主張盡快恢復台灣話，主張從台灣話與國語的對照比較作為國語學習入門，他對當時台灣的語言現象有相當程度的了解，在一篇題為〈何以要提倡從台灣話學習國語〉的文章上，他也明白表示「我對於台灣人學習國語的問題，認為不是一個單純語文訓練，卻已牽聯到文化和思路的問題。因此很懇摯而坦白的提倡台灣人要自己發揮出自己方言的應用力量。（中略）受日本語五十年的侵染，教育文化上如何使得精神復原，這才是今日台灣國語推行的主要問題」（《新生報》，一九四六年五月二十八日）。

他認識到台灣人認「國字」，幾乎全是日文裡所用的漢字觀念，台灣人寫「國文」也必然深受日文語法的影響，甚至台灣人學「國語」也大半用日本人學中國語的方法─用假名注音。因此，主張先實行台語復原─精神復原─文化、思路的復原，從台灣話學習國語。他認為「台灣語並不是『非中國語』，而所謂『國語』是指『中國標準語』。台灣人所講的是『中國的方言』，並且與標準語系統相同」（〈台語即是國語的一種〉，《新生報》，一九四六年六月二十五日）。

魏建功認為台灣語與國語之間有相通的脈絡，同屬一個語言系統，台灣人學習國語的入門方法是先恢復台灣話，從台灣話與國語的對照，換言之即從台灣話聲音系統裡自覺的推測國音和國語，類推著從台灣話改說成國語。魏建功的基本做法是在台灣提倡恢復台灣話，除了可以復原台灣人的文化、思路，也可以補救國語一時無法普及的缺陷，同時也可以增強應用國語的啟示。魏建功以台灣省國語推行委員會為樞紐，具體執行方法是從中國各地招聘國語國文教員，分發各級學校任教，並負責國語傳習者—全省行政人員、國民學校、中等學校教員之國語訓練，又在各縣市設置國語推行所，從中國各地招聘國語推行員派往推行所，負責各地方之國語推行。而國語推行之具體而微的方法——先樹立國音標準，再從方言學習國語，完全出自魏建功的構想。魏建功且親自撰寫國語台語讀音對照本〈注音符號十八課〉，分別將注音符號與廈門音、漳州音、泉州音、客家音對照舉例，在台灣省國語推行委員會主編的《新生報》專欄「國語」，分十四回連載刊出，將其構想具體落實。

然而一九四七年二月，台灣發生「二二八事件」，同年四月，國民政府廢止台灣省行政長官公署，改組為台灣省政府，陳儀被更替，新任魏道明為省政府主席，五月，陳儀離台，魏道明赴任。隨著行政長官公署改組為省政府，原隸屬於教育處之國語推行委員會也改為獨立機構，六月，魏建功辭主任委員職，由副主任委員何容升任主任委員，魏建功轉任國立台灣大學中國文學系教授，一九四八年十月，重返北京大學中國文學系任教。四九年，國民政府遷台以後，國語運動基本上仍繼續延續魏建功的方針，在魏建功離台返回大陸之後，睽之今日台灣的言語狀況，五四新文化運動理想之一的「言文一致」理想確實在台灣完成實踐。

黃英哲，愛知大學現代中國學部暨大學院中國研究科教授。

鄉土農民的「麻木」與「醒覺」

——從魯迅到賈平凹的難題

陳曉明

五四運動迄今已百年，沒有人會懷疑中國社會發生翻天覆地的變化，沒有人會懷疑今天社會面對的問題迥然相異。然而，偏有一些中國作家，卻堅持認為中國現代以來的一些難題，並未解決。即使經歷了百年中國現代的激進社會變革，激進現代性改變了社會結構和制度，改變了人心和價值觀，但是，那些當時的難題並未解決，相反，伴隨著激進現代性，這些難題變得更加複雜，更加棘手。它反倒對現代之初提出的問題再加詰問，也詰問了現代之初的設想的解決方案。比如，在賈平凹和魯迅之間，賈平凹以令人惱怒的方式，提出了當年魯迅對阿Q的精神麻木的批判的有效性，魯迅的批判不應該看作是問題的解決或終結，而是只是問題的提出，而且，在現代性的激進化進程中，這一問題會出現更嚴峻的變體。

二〇一一年，新世紀過去十一年，賈平凹出版《古爐》，這部六十四萬字的長篇小說寫了中國文化大革命時期一個小村莊發動了造反奪權運動，成立二大派陷入激烈的武鬥。小說的結局是最狠的一筆，夜霸槽這個造反派的頭目，榔頭隊的隊長，他何曾想到，他的結局與半個多世紀前的阿Q殊途同歸。小說的結尾處，狗尿苔看到公路上開過來十幾輛卡車，車上押著五六個五花大綁的犯人，天布和霸槽就在其中！狗尿苔看見了霸槽是第一個被架了過來，「他的紅毛衣是那麼紅，胳膊在後邊綁著，看不到了那紅毛衣沒有了後襟，還穿著那件洗得發白的黃軍褲，褲管被繩子紮了，他的雙腳幾乎沒有著地，被架著奔跑，腳尖就劃著地，沙灘上深深地劃出了兩道渠兒，像犁犁過的犁溝。」

問題在於狗尿苔旁邊就站著幾個拿饃的人，他們等著槍一響，就衝上去，要拿饃沾霸槽的腦漿吃。顯然，這裡彙集了魯迅《吶喊》裡的數篇小說的情景。霸槽等著被槍斃時，那幾個鄰村的村民就開始盤算著說霸槽聰明，他的腦子更能治病。這是魯迅的〈藥〉裡華老栓和夏瑜故事的翻版。賈平凹無疑是有意使用這些大家熟知的魯迅作品的經典細節，有心和魯迅對話，試圖回答從而也是重新提問。小說開篇不久第三十一頁，水皮就考霸槽課本上的魯迅，這顯然是有意的伏筆。阿Q是愚昧和愚頑的，魯迅的批判指向「阿Q勝利法」；但是夜霸槽是村子裡最聰明的人，他的鬼心眼最多，他有出人頭地的抱負，他有能耐抓住機遇幹成大事，發動古爐村的運動，組成榔頭隊。他的野心也算達到了，古爐村是榔頭隊的了，他成了古爐村的掌權人。支書朱大櫃已經完全屈服於他的權威，霸槽動不動就坐在石獅子上。然而，他的結果如何呢？他還是被五花大綁押到刑場，阿Q被槍斃，夜霸槽一樣被槍斃。圍觀的人群一樣蜂擁而來，而且等著拿饃沾腦漿吃。解決了鄉土中國農民的愚昧和精神麻木之後，鄉土中國的難題並沒有解決。阿Q的遭遇體現現代之初鄉土農民被動捲入歷史的命運。與其說魯迅嘲笑和批判了阿Q，不如說他還帶著深深的悲憫；而夜霸槽則是主動投身於激進現代性運動，他的主動性不是順應了歷史理性的主體的自覺嗎？他被歷史激進變革激發起來的主動性算是什麼能量呢？只是惡的力量嗎？它確實摧毀了鄉村早已十分脆弱的人倫秩序，以及建立起來的現代制度。霸槽的形象顯然十分複雜，是一個棘手的難題，賈平凹在鄉村粗鄙的生存境遇中寫出了這樣現代激進的人物。

賈平凹把最狠的下筆留給魯迅，他把問題擺在那裡，這個問題是在魯迅當年提出的難題被克服之後（農民也翻身了），卻出現另一種狀況：鄉村農民不再是愚昧的，而是聰明的；不再是精神麻木，而是有主動意識；不再是沒有尊嚴，而是在尋求尊嚴。然而，何以夜霸槽的結局會和阿Q一樣？這才是「狠」的下筆！

賈平凹確實是越寫越土，也越寫越實，他不再過分眷戀那虛的、飄逸的或抒情的韻致，他通過「狠」的招數，以至於暴力行動來使「土」和「寫實」獲得一種力量的衝勁，它把鄉村世界重新打回現代性的美學氛圍裡，把問題重新放置在現代性的譜系裡，把歷史的難題壓垮掉美學的昇華。他寧可變得醜陋、粗鄙，像那個狗尿苔一樣，趴在地上，看到那些腳上的泥土，看到牆院的地基，看到中國二十世紀的現代性的根莖。

《古爐》的結尾是婆和支書、杏開從河灘上走來了，走了這麼久，他們竟然還在走——這句話無疑意味深長。支書的腿已經瘸了，可他的手還又反背在後邊。「杏開懷裡的孩子哇哇地哭，像貓叫春一樣悲苦和淒涼，怎麼哄都哄不住。」這是《古爐》的結束。這個孩子是夜霸槽的兒子，他能像阿Q一樣，還有「二十年後又是一條好漢」的盲目（心氣）嗎？歷史後來證明，鄉土中國翻過去了這一項，激進現代性告一個段落。但是，賈平凹這裡寫得還是十分猶疑，他無法讓中國現代性的難題終結。他十分坦誠地解釋：他寫作《古爐》是如何地困難，四年的寫作，「常常就寫不下去，洩氣，發火，對著鏡子恨自己，說：不寫了！可不寫更難受。」

其實，《古爐》的故事是在為中國一個鄉村作傳，其歷史重負讓賈平凹不堪承受，與其說是他筆力不濟，不如說是他心理負擔深重。魯迅在他那個年代肩著黑暗的閘門，再重，他也有英勇和自信。百年後的賈平凹身處不同的歷史情境，他很難釐清歷史的複雜性。當代史與現代史的交集，如何在「黝暗」中去顯現被遮蔽的歷史路徑，這更加困難。他乾脆選擇了去表現那段時期的武鬥，在「狠」中讓歷史破碎，就像小說開篇那個傳家的青花瓷瓶掉到地上碎裂了一樣。但是，夜霸槽最終斷送了自己，其結局與阿Q並無二致。在魯迅筆下，阿Q的愚頑造就了他的精神麻木，他自以為是地在使用「精神勝利法」來獲得超越現實的滿足。而在賈平凹的筆下，夜霸槽完成了精神自覺，他實現了「精神勝利」，他具有自我意識，他建立起了鄉村農民的現代自覺，但他的結局如何呢？也是被綁去槍斃。而且有一群人拿著饅頭等著沾著他的腦漿吃治腦病。激進革命並沒有解決鄉土中國農民與現代性的關係，他始終不能進入其中，他的進入如同他的在外或缺席一樣，都有一個歷史悲劇在等著作結。

陳曉明，北京大學中國語言文學系教授兼系主任。

回到未來：五四與科幻

宋明煒

〈狂人日記〉發表於一九一八年五月《新青年》四卷五期。整整一百年後的五月，科幻作家韓松發表了他最新的長篇小說《亡靈》。《亡靈》標誌著韓松以「醫院」為主題的三部曲完成，這是繼劉慈欣《地球往事》三部曲（也常被人稱為《三體》三部曲）以及韓松自己的《軌道》三部曲之後，中國當代科幻最重要的小說。韓松在當代科幻新浪潮中被認為對魯迅最有自覺的繼承，他的作品往往有意識地回應魯迅的一些主題。《醫院》三部曲也猶如一部〈狂人日記〉式的作品，貫穿著韓松關於疾病和社會、現實與真相、醫學與文學的思考，整個三部曲描寫全中國人都被醫院控制，世界進入藥時代，人工智慧司命把所有人當作病人，直到人類的亡靈在火星重生，仍繼續延續醫院文明。這不可思議的故事，看似異世界的奇境，卻比文學寫實主義更犀利地切入中國人日常生活肌理和生命體驗。語言的迷宮、意象的折疊、多維的幻覺，透露出現實中不可言說的真相。

韓松曾經把許多熟悉的魯迅文學符號與標誌語句，挪用到科幻小說中。末班地鐵上唯一清醒的乘客，猶如狂人一般看到了世界的真相，卻無法喚醒沉沉睡去的其他乘客；走到世界末日的人物小武，面對新宇宙的誕生，大呼：「孩子們，救救我吧。」但他沒有獲救，「虛空中暴發出嬰兒的一片恥笑，撞在看不見的岸上，激起淫猥的回聲。」短篇小說〈乘客與創造者〉將鐵屋子的經驗具象化為波音飛機的經濟艙，人們在那裡渾渾噩噩、生不如死，卻不知道由經濟艙構成的這個有限世界之外還有天地。劉慈欣也曾在短篇小說〈鄉村教師〉中寫一位病重的老師，用盡生命最後力氣對學生講說魯迅關於鐵屋子的比喻，與韓松不同的是，劉慈欣恰好用這個比喻來鋪墊了天文尺度上宇宙神曲的演出：渺小的地球在銀河系荒涼的外緣，星系中心延綿億萬年的戰爭來到太陽系，那個鐵屋子之外的世界終究是善意的，救救孩子的主題最後落在有希望的未來上。

韓松比劉慈欣更進一層，他對於魯迅的繼承無所謂希望還是絕望，絕望之為虛妄，正如希望相同。然而，韓松更多還在科幻中延續了魯迅文學中的「虛無一物」。地鐵、高鐵、軌道所鋪演的未來史，醫院、驅魔、亡靈描述的人類無窮無盡的痛苦，都終於抵達一個境界，即其實種種繁華物像、文明盛事、頹靡廢墟、窮盡宇宙的上下求索，猶如魯迅〈墓碣文〉所寫：「於天上看見深淵。於一切眼中看見無所有。」這樣一種深淵的虛無體驗，韓松寫進未來人類的退化、蛻變，宇宙和人心無邊無際的黑暗，與魯迅文學息息相關，於是至少有一個知識分子的思考，在《地鐵》、《醫院》幽暗無邊的宇宙中仍殘存著，即使未來的人類或後人類已經不知道這意味著什麼。

韓松的科幻想像是對當代中國日常生活現實表象下的大膽窺視。他所揭示的「真實」，或現實的深度真實，放在傳統寫實文學語境中顯得不可思議、無法表達，但在科幻小說的語境中，韓松透過現實幻象達到的真實可以獲得技術性解釋。技術既具有一種政治含義，又被當作一種文本策略來使用。在韓松的很多長短篇小說中，不可見的技術操控著人們的思想、支配著人們的夢境，但同時，正是因為如夢似幻、超現實的科幻想像中的技術，使故意被隱匿的現實得以被再現出來。

在韓松發表於二〇〇二年的短篇小說〈看的恐懼〉中，小說提供了兩種世界的景象。一種是人們在現實中看到的，另一種卻是透過技術揭示的真實世界，它像一場大霧，沒有形狀，是虛幻的、混混沌沌的。人們感到看的恐懼：我們看見的都是世界的虛假影像，難道這才是「現實」嗎？那新買的公寓、家具、工作和生活——它們都是幻覺嗎？那麼是誰製造了我們信以為是現實的「日常景象」呢？這個故事同樣暴露了韓松科幻所具有的令人不安的真實：現實中不可見的真相。這個文本本身，正如它承載的科幻故事，建立在將「科幻小說」的文本設定為「發現真理」工具的假想之上。

就在〈看的恐懼〉發表於《科幻世界》的同一年，韓松寫了另一個迄今未發表過的小說

〈我的祖國不做夢〉。這篇小說展示了中國經濟蓬勃發展的噩夢般的另外一面：所有中國人一到了晚上都在夢遊，無意識地參與創造國家的經濟奇蹟，幫助實現國家的富強之夢。韓松使用「夢遊」這個詞語，側重點在「夢」的意義上。在韓松的描寫中，參與創造中國巨大經濟成就的每個公民，在早晨夢遊醒來之後都不記得曾經做過任何夢：他們從未「看到」自己真實的夜間生活，整個夢遊的國民都盲目地生活著。

現實生活中不可見的真相原來是中國政府已經發明了一種神奇的技術，即通過新聞聯播節目給居民暗中發送「社區微波」，從而操控人們的睡眠和夢遊。夢遊被證明是一種維持中國經濟高速增長的有效方式。它使睡夢中的市民可以更好地組織起來工作、消費，更和諧地進行社交，創造了由遵守紀律、有奉獻精神的公民組成的全新的國家。

中國的要人驕傲地說：「夢遊，使十三億中國人覺醒了。」這話似乎是對魯迅曾經在一個世紀前的吶喊所做的嘲諷般的學舌。魯迅那一代啟蒙知識分子試圖去喚醒中國沉睡著的人們，而如今整個國民又回去睡覺了，甚至更糟糕，夢遊；他們沒有停歇、沒有知覺、沒有夢想的夢遊，剝奪了他們看見現實、甚至做自己的夢的權利，更不要說做別樣的夢。這個小說的寫作時間，是在中國政府開始宣傳全民集體一個夢想的「中國夢」十年之前。在韓松的小說中，夢遊者將「中國夢」不可思議的潛意識上演出來，而這場大夢正是由所謂的「黑暗委員會」中少數幾位無眠的國家領導人來左右的。夢遊的國民將中國夢變成他們自己看不見的現實，生活在不屬於他們的夢境中。

通過再現「不可見」的事物，韓松為科幻詩學打開了一個新的空間。正如上文所舉的兩篇小說表現的那樣，科幻小說獨特的文學再現形式，將日常生活重新編碼，通過創造某種陌生化效果，闡明了現實中「不可見」的方面。〈看的恐懼〉和〈我的祖國不做夢〉都可以被解讀為展示新浪潮風格的文類超文字。一方面，它們明確地指向了權力的技術機制，這種機制管理和控制中國人的日常生活和他們對現實的感知，這使得科幻小說成為一種寓言，照亮了中國現實中更深層的「真實」。小說中看到世界真相的恐懼，以及「夢遊」或「做夢」的祕密技術，都可以參照中國目前的政治文化解讀為現實的隱喻。另一方面，作為如夢的幻想或是對現實故意扭曲的再現，敘事本身包含了一種自我反思的策略，這一策略展示出它自身的造夢術。由此，夢的技術既可以指向控制著人們思想的陰謀，也可以指向一種解釋手段，這種手段使得陰謀在科幻小說夢一般的文本中得到解說並被揭穿。通過這種方式，韓松在科幻小說的敘事中，將其文本技術與文本有關社會現實的隱含資訊有意識地聯繫起來。

就韓松的科幻風格而言，科幻小說作為一種摹仿性話語（mimetic discourse），它再現的對象是非想像性的，與通常將科幻小說作為現實主義對立面的觀念正相反，科幻小說的語言系統，是以一種高密度的摹仿（high-intensity mimesis），將所有隱喻、象徵、詩性的事物都當作「真實」的事物來處理，從而進入到更有深度的寫實層面中（這個觀點的發展，受到美國韓裔文學理論家朱瑞瑛的啟發）。

韓松常說：「中國的現實比科幻還要科幻」。這樣說的時候，韓松也可能是指出科幻只不過是再現中國的「現實」。這表明他所寫的並不是隱喻、象徵或詩性的事物，相反，它清晰揭露出冷酷的現實。而反過來說，也只有科幻小說才能再現現實的真相。通過韓松的寫作，科幻文本和中國現實之間不僅建立了隱喻性的關係，而且也有著轉喻的關聯，對中國現實的描寫被編織為承載科學奇想的文本，後者替代了在寫實層面不可見的現實。在這種情況下，科幻小說比任何寫實主義方法所容許的寫作更具有真實感。在主流寫實文學中缺失的有關現實的真相，只有在科幻小說話語中才能得到再現，這決定了科幻成為一種顛覆性的文類，它抗拒「看的恐懼」。

韓松預測國家與科幻小說之間命運的交集：「二〇一一年，中國成為了世界第二大經濟體，這很大程度上是靠廉價勞動力換來的。我們沒有霍金，也沒有約伯斯。這些，是否與科幻有一些關係？」他實際上是在歎息大眾讀者對科幻缺乏興趣，指出了中國人想像力的缺失。他在科幻中看到一種魔力，就像梁啟超在一百多年前看到的那樣，它可以開啟國民的想像力：「科幻讓人無從預測，它們在文學上的新穎性特別值得珍惜。科幻是一個做夢的文學，是一種烏托邦。它不是亂想，而是基於一定現實的想像力。……能夠在這麼一個特別的時代邂逅科幻，是一種幸運，因為我能夢到更多的世界。」

換言之，科幻小說代表了一種超越現實提供的可能性邊界的想像。在韓松的科幻小說中，想像和夢想逾越了被設定了特定夢想的時代中，大眾想像和理性思考的邊界。〈我的祖國不做夢〉或許最明顯地表達了科幻小說與整個時代的「夢」或「非夢」之間的聯繫，它本身對於「中國夢」的官方話語（甚至在這個概念產生之前），既是提前召喚又是自省的顛覆。在韓松的其他作品中，尤其在他的長篇小說中，再現現實的文本本身經常會蛻變為一個謎。謎面上有著多層次的寓言和象徵，將對現實的「認知陌生化」轉變成對另類想像的晦澀難懂的暗示，這種想像神祕莫測、不可企及、如同超驗一般地虛無飄渺，這正如他在《地鐵》和《醫院》中所體現出的那樣——這也正如〈狂人日記〉所體現的那樣。

作為中國現代文學創始人的魯迅，在〈狂人日記〉問世一百年來，一直還是無法安定的文學靈魂。他處在各種爭論的焦點。僅僅在文學上來說，魯迅文學是怎樣的文學？究竟是否寫實主義的文學？他主張為人生的文學，借用西方寫實文學的方法，學者們從隱喻的角度來理解〈狂人日記〉，把它作為對現實的批判。然而如果不帶有任何成見去閱讀〈狂人日記〉，我們是否可以把〈狂人日記〉看作韓松小說的先驅。最聳人聽聞的說法，即〈狂人日記〉也可以作為科幻小說來閱讀，這個文本中包含一個醫學案例，猶如《醫院》裡寫的那樣，這裡面有關何為真實的醫學之爭，而醫學知識決定了文學的性質。這個說法注定會受到爭議。

但即便作為（假裝）第一次閱讀〈狂人日記〉的讀者，即如同在一九一八年五月翻看《新青年》雜誌的讀者那樣，我們在這個文本中感受到的，或許仍然和《醫院》、《地鐵》給我們的感受有些相似。現實是不對的。何為真實？狂人在字縫裡讀出了吃人——這是一個重建現實感的文化隱喻？還是一個永遠讓人不安的真實語彙？一百年後，韓松小說中北京地鐵裡蛻化的人在吃人；劉慈欣太空史詩中的星艦文明在倫理上爭論吃人的必要性。吃人是病理的體現、文明的病症、文學的隱喻、真實的話語？重要的是，魯迅借此寫出一個讓人不安的世界，顛覆了我們對於日常生活的感受。中國科幻新浪潮在一百年後的今天，也正是做到了這一點。回到未來，我們發現世界不對了。

寫作〈狂人日記〉十六年前，周樹人在日本響應梁任公的號召，開始譯介科學小說，為的是開啟民智。除了兩篇著名的凡爾納小說譯文之外，近年來備受學者關注的魯迅的第三篇科學小說譯文〈造人術〉，這篇小說的翻譯過程曲折離奇，原作是一位美國女作家的小說，魯迅根據一個不完整的日譯本翻譯，其中日譯本沒有翻譯的部分，包含了兩個重要的魯迅主題：吃人、救救孩子。沒有證據表明，魯迅看過原作的後半部分，雖然更完整的日文譯文在〈狂人日記〉發表前七年即出版了。這可能只是一個不應該過度闡釋的巧合。

但我們還有一個有趣的問題需要回答：作為科學小說家的魯迅，和作為寫實文學家的魯迅，有何種關聯？後者完全取代了前者嗎？學者們常常說，民國之後，科學小說消隱，寫實文學興起。這是一種便利的文學史論述。但〈狂人日記〉不是一篇便利的文本。科學小說的消隱，也終於變成一個文學史上的難題。提倡賽先生的年代，科學小說卻失去了讀者的青睞。直到中國文學經歷過許多次運動，二十世紀末，中國科幻小說再次經歷創世紀，建立了前所未有的輝煌。

一九一八年四月，在補樹書屋寫作〈狂人日記〉的魯迅，他寫的是一篇無可名狀的小說，異象幻覺重重疊疊，透露出的真實情景驚心動魄。這篇小說引起的革命，成為五四的重要面向。此後，魯迅等了整整一年，寫作〈孔乙己〉，中國寫實文學的可以模仿的範本出現，但此時〈狂人日記〉文本中密密麻麻不可見的黑暗，已經充斥在剛剛誕生的中國現代文學中了。

宋明煒，衛斯理學院東亞系副教授。

聯經評論
五四@100：文化，思想，歷史

2019年4月初版　定價：新臺幣390元

著　者	王德威等
編　者	王德威
	宋明煒
叢書編輯	張彤華
校　對	馬立軒
封面設計	許晉維
編輯主任	陳逸華

出版者	聯經出版事業股份有限公司
地址	新北市汐止區大同路一段369號1樓
編輯部地址	新北市汐止區大同路一段369號1樓
叢書編輯電話	(02)86925588轉5306
台北聯經書房	台北市新生南路三段94號
電話	(02)23620308
台中分公司	台中市北區崇德路一段198號
暨門市電話	(04)22312023
台中電子信箱	e-mail：linking2@ms42.hinet.net
郵政劃撥帳戶	第0100559-3號
郵撥電話	(02)23620308
印刷者	世和印製企業有限公司
總經銷	聯合發行股份有限公司
發行所	新北市新店區寶橋路235巷6弄6號2樓
電話	(02)29178022

總編輯	胡金倫
總經理	陳芝宇
社長	羅國俊
發行人	林載爵

行政院新聞局出版事業登記證局版臺業字第0130號

本書如有缺頁，破損，倒裝請寄回台北聯經書房更換。　ISBN 978-957-08-5280-6 (平裝)
聯經網址：www.linkingbooks.com.tw
電子信箱：linking@udngroup.com

國家圖書館出版品預行編目資料

五四@100：文化，思想，歷史/王德威等著．王德威、宋明煒編．初版．新北市．聯經．2019年4月（民108年）．366面．14.8×21公分
（聯經評論）
ISBN 978-957-08-5280-6（平裝）

1.思想史　2.文集　3.中國

112.07　108002269